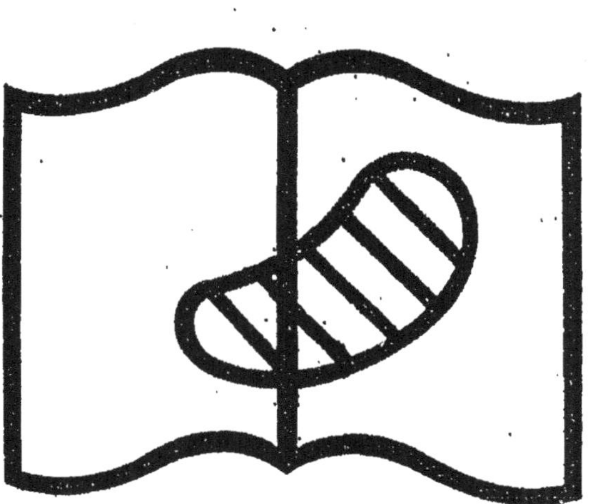

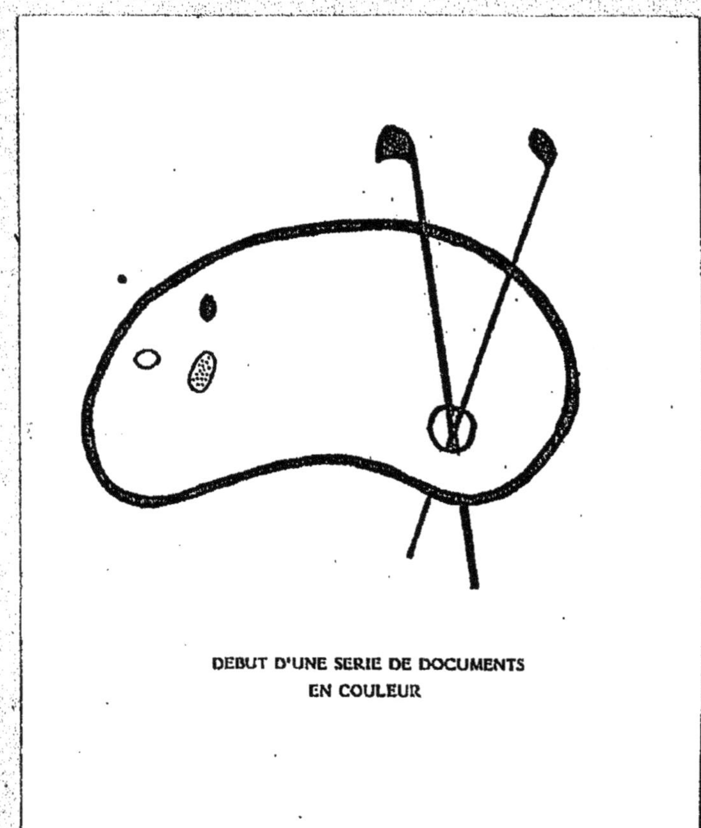
DEBUT D'UNE SERIE DE DOCUMENTS
EN COULEUR

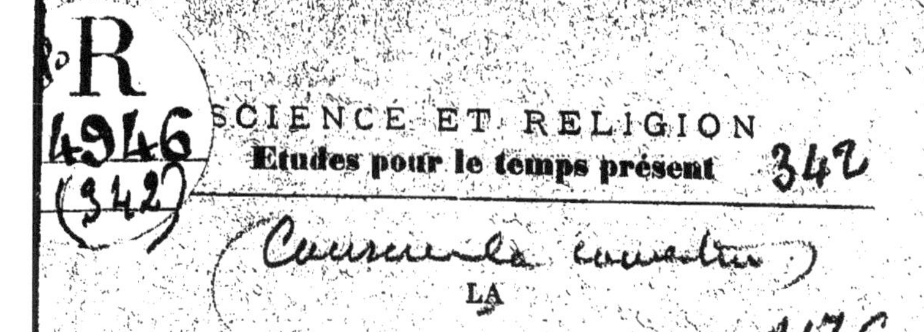

SCIENCE ET RELIGION
Études pour le temps présent

LA

DESCENTE DU CHRIST AUX ENFERS

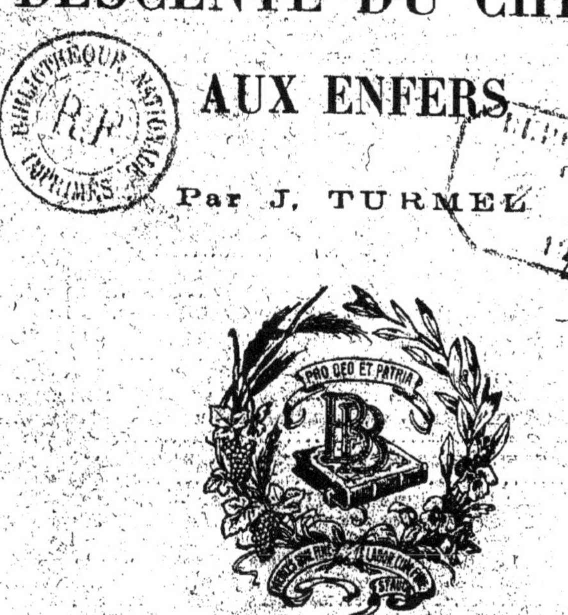

Par J. TURMEL

PARIS
LIBRAIRIE BLOUD & Cie
4, RUE MADAME ET RUE DE RENNES, 59
1905

SCIENCE ET RELIGION

Études pour le temps présent. — Prix 0 fr. 60 le vol.

---

1 **Certitudes scientifiques et Certitudes philosophiques,** par A. DE LA BARRE, prof. à l'Institut catholique de Paris... 1 vol.
2 **L'Ame de l'homme,** par J. GUIBERT, supérieur du Séminaire de l'Institut catholique de Paris.......... 1 vol.
3 **Faut-il une religion ?** par M. l'abbé GUYOT, ancien professeur de Théologie.......... 1 vol.
4 *Du même auteur :* **Pourquoi y a-t-il des hommes qui ne professent aucune religion ?**.......... 1 vol.
5 **Nécessité scientifique de l'existence de Dieu,** par Pierre COURBET.......... 1 vol.
6 *Du même auteur :* **Jésus-Christ est Dieu**.......... 1 vol.
7 8 9 **Etudes sur la Pluralité des mondes habités et le dogme de l'Incarnation,** par le R. P. ORTOLAN, membre de l'Académie de Saint-Raymond de Pennafort et de la Société astronomique de France.......... 3 vol.
I. — *L'Epanouissement de la vie organique à travers les Plaines de l'infini*.......... 1 vol.
II. — *Soleils et Terres célestes*.......... 1 vol.
III. — *Les Humanités astrales et l'Incarnation*.......... 1 vol.
Chaque volume se vend séparément.
10 **L'Au-delà ou la Vie future d'après la Foi et la Science,** par M. l'abbé J. LAXENAIRE, de l'Académie de Saint-Thomas d'Aquin professeur de Théologie.......... 1 vol.
11 **Le Mystère de l'Eucharistie. — Aperçu scientifique,** par M. l'abbé CONSTANT, docteur en Théologie.......... 1 vol.
12 **L'Eglise catholique et les Protestants,** par G. ROMAIN. 1 vol.
13 **Mahomet et son œuvre,** par I.-L. GONDAL, supérieur du grand séminaire de Toulouse.......... 1 vol.
14 15 **Christianisme et Bouddhisme,** par M. l'abbé THOMAS, vicaire général de Verdun.......... 2 vol. Prix : 1 fr. 20
16 **Où en est l'Hypnotisme,** son histoire, sa nature et ses dangers, par A. JEANNIARD DU DOT.......... 1 vol.
17 *Du même auteur :* **Où en est le Spiritisme,** sa nature et ses dangers.......... 1 vol.
18 **L'Apologétique historique au XIXe siècle. — La critique irréligieuse de Renan.** (*Les précurseurs. — La Vie de Jésus. — Les adversaires. — Les résultats*), par l'abbé Ch. DENIS. 1 vol.
19 **Nature et Histoire de la liberté de conscience,** par le chanoine CANET, docteur en philosophie et ès lettres de l'Université de Louvain.......... 1 vol.
20 **L'Animal raisonnable et l'Animal tout court,** *Etude de Psychologie comparée,* par C. DE KIRWAN.......... 1 vol.
21 **La Conception catholique de l'Enfer,** par L. BRÉMOND, docteur en Théologie.......... 1 vol.
22 **L'Eglise russe,** par I.-L. GONDAL.......... 1 vol.
23 **La Fausse Science contemporaine et les Mystères d'Outre-tombe,** par le R. P. ORTOLAN.......... 1 vol.
24 *Du même auteur :* **Vie et Matière ou Matérialisme et Spiritualisme en présence de la Cristallogénie**.......... 1 vol.
25 *Du même auteur :* **Matérialistes et Musiciens**.......... 1 vol.
26 **Le Mal,** sa nature, son origine, sa réparation. *Aperçu philosophique et religieux,* par M. l'abbé CONSTANT.......... 1 vol.
27 **Dieu auteur de la vie,** par M. l'abbé THOMAS, vicaire général de Verdun.......... 1 vol.
28 *Du même auteur :* **La Fin du monde d'après la Foi.** 1 vol.

29 **L'Attitude du catholique devant la science,** par G. Fonsegrive .... 1 vol.

30 *Du même auteur :* **Le Catholicisme et la Religion de l'Esprit** .... 1 vol.

31 **Du Doute à la Foi,** le besoin, les raisons, les moyens, le devoir, la possibilité de croire, par le R. P. Tournebize, S. J., avec lettre-préface de M. F. Coppée, de l'Académie française .... 1 vol.

32 **La Synagogue moderne,** sa doctrine et son culte, par A.-F. Saubin .... 1 vol.

33 **Evolution régulière et Immutabilité de la doctrine religieuse dans l'Eglise,** par M. Prunier, supér. du grand séminaire de Séez .... 1 vol.

34 **La Religion spirite,** son dogme, sa morale et ses pratiques, par I. Bertrand .... 1 vol.

35 **L'Hypnotisme franc et l'Hypnotisme vrai,** par le Docteur Hélot .... 1 vol.

36 **Convenance scientifique de l'Incarnation,** par Pierre Courbet .... 1 vol.

37 **L'Eglise et le Travail manuel,** par M. l'abbé Sabatier, du clergé de Paris .... 1 vol.

38 **L'Inquisition,** son rôle religieux, politique et social, par G. Romain .... 1 vol.

39 **L'Hypnotisme et la Science catholique,** par A. Jeanniard du Dot .... 1 vol.

40 **Unité de l'espèce humaine,** *prouvée par la similarité des conceptions et des créations de l'homme,* par le marquis de Nadaillac .... 1 vol.

41 **Le Socialisme contemporain et la Propriété.** — *Aperçu historique,* par M. Gabriel Ardant .... 1 vol.

42 **Pourquoi le Roman immoral est-il à la mode et pourquoi le Roman moral n'est-il pas à la mode ?** *Etude sociale et littéraire,* par G. d'Azambuja .... 1 vol.

43 **Opinions du jour sur les peines d'Outre-tombe.** *Feu métaphorique. — Universalisme. — Conditionnalisme. — Mitigations* par le R. P. Tournebize, S. J. .... 1 vol.

44 **Le Talmud et la Synagogue moderne,** par A. F. Saubin. 1 vol.

45 **L'Occultisme ancien et moderne.** — *Les mystères religieux de l'antiquité païenne. — La Kabbale maçonnique. — Magie et Magiciens fin de siècle,* par I. Bertrand .... 1 vol.

46-47 *L'Evolution est-elle une loi générale de la vie ?* **L'Homme et le Singe,** par le marquis de Nadaillac. 2 vol. Prix : 1 fr. 20

48 *L'Ordre de la nature et le Miracle,* **Faits surnaturels et Forces naturelles, chimiques, psychiques, physiques,** par le R. P. de la Barre, S. J. .... 1 vol.

49 **Comment se sont formés les Evangiles.** *La Question synoptique. — L'Evangile de saint Jean,* par le P. Th. Calmes, professeur au grand séminaire de Rouen .... 1 vol.

50 **L'Hypnotisme transcendant en face de la philosophie chrétienne,** par A. Jeanniard du Dot .... 1 vol.

51 **L'Impôt et les Théologiens.** *Etude philosophique, morale et économique,* par le comte Domet de Vorges .... 1 vol.

52 **Nécessité mathématique de l'existence de Dieu.** *Explications. — Opinions. — Démonstration,* par René de Cléré. 1 vol.

53 **Saint Thomas et la Question juive,** par Simon Deploige, professeur à l'Université catholique de Louvain .... 1 vol.

54 **Premiers principes de Sociologie catholique,** par l'abbé Naudet, professeur au Collège libre des sciences sociales. 1 vol.

55-56 **Le Déluge de Noé et les races Prédiluviennes,** par C. de Kirwan .... 2 vol. Prix : 1 fr. 20

COLLECTION
« LA PENSÉE CHRÉTIENNE »
TEXTES ET ÉTUDES

GRANDS IN-16 A PRIX VARIÉS.

Bonald, par Paul BOURGET, *de l'Académie Française*, et Michel SALOMON, 1 vol. : **3** fr. **50** ; *franco* : **4** francs.

Saint Irénée, par Albert DUFOURCQ, professeur à l'Université de Bordeaux, docteur ès lettres, 1 vol. : **3** fr. **50** ; *franco* : **4** francs.

Tertullien, par l'abbé J. TURMEL, 1 volume : **3** fr. **50** ; *franco* : **4** francs.

Saint Jean Damascène, par V. ERMONI, professeur au Scolasticat des Lazaristes, 1 volume : **3** francs ; *franco* : **3** fr. **50**.

Saint Bernard, par E. VACANDARD, aumônier au Lycée de Rouen, 1 volume : **3** francs ; *franco* : **3** fr. **50**.

Newman, *le développement du dogme chrétien* par l'abbé Henri BRÉMOND, 1 volume : **3** francs ; *franco* : **3** fr. **50**.

Epîtres de saint Paul, *traduction et commentaire*, par A. LEMONNYER, O. P., professeur d'écriture sainte. 1re partie : *Lettres aux Thessaloniciens, aux Galates, aux Corinthiens et aux Romains*, 1 volume : **3** fr. **50** ; *franco* : **4** francs. La deuxième partie en préparation paraîtra prochainement.

Evangile selon saint Matthieu, *traduction et commentaire*, cartes et plans, par V. ROSE, O. P., professeur à l'Université de Fribourg, 1 volume : **2** fr. **50** ; *franco* : **2** fr. **75**.

Du même auteur : **Evangile selon saint Marc**, *traduction et commentaire*, cartes et plans, 1 volume : **2** fr. **50** ; *franco* : **2** fr. **75**.

Du même auteur : **Evangile selon saint Luc**, *traduction et commentaire* : cartes et plans, 1 volume : **2** fr. **50** ; *franco* : **2** fr. **75**.

Epîtres catholiques. Apocalypse, *traduction et commentaire*, 1 volume : **3** fr. **50** ; *franco* : **4** francs.

Actes des Apôtres, *traduction et commentaire*, par V. ROSE, O. P., professeur à l'Université de Fribourg, 1 volume : **3** fr. **50** ; *franco* : **4** francs.

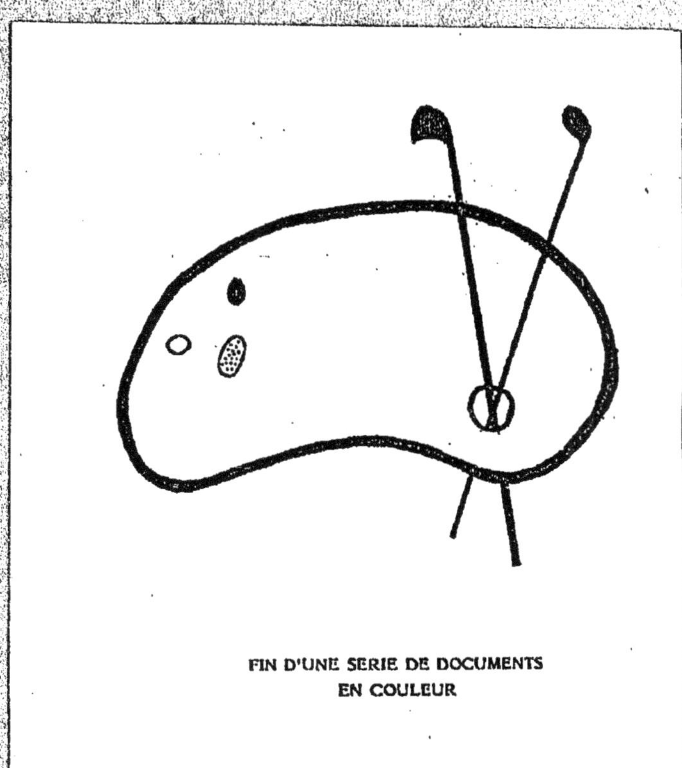
FIN D'UNE SERIE DE DOCUMENTS
EN COULEUR

SCIENCE ET RELIGION
Études pour le temps présent

LA DESCENTE DU CHRIST AUX ENFERS

Par J. TURMEL

PARIS
LIBRAIRIE BLOUD & Cie
4, RUE MADAME ET RUE DE RENNES, 59
1905

DU MÊME AUTEUR

Histoire du dogme du péché originel, (Paris, Nourry), in-8, 322 pages . . . . 4 fr. 50

Tertullien, (Paris, Bloud et Cie), 1 vol. grand in-16 de la collection, **La Pensée chrétienne** . . . . . 3 fr. 50

Histoire de la Théologie positive, depuis l'origine jusqu'au Concile de Trente (Paris, Beauchesne et Cie), 1 vol. in-8, 3e édition . . . . 6 fr. » »

Nihil obstat

Rennes, le 12 Décembre 1904.

F. DURUSSELLE,
vic. gén.

LA DESCENTE DU CHRIST AUX ENFERS

I

LA DESCENTE AUX ENFERS DANS LA LITTÉRATURE PATRISTIQUE

Les monuments les plus anciens de la littérature ecclésiastique nous apprennent que le Sauveur, après avoir rendu le dernier soupir sur la croix, descendit dans le séjour où résidaient les âmes des morts. Saint Ignace raconte que le Christ se rendit vers les prophètes qui attendaient sa venue et les ressuscita (1). Nous lisons dans l'*Evangile de Pierre* qu'au moment où Jésus sortait du tombeau, une voix cria du haut des cieux : « As-tu prêché à ceux qui se sont endormis ? » Et une autre voix partie de la croix répondit : « Oui (2) ». Hermas assure que les âmes des morts, initiées à la connaissance du Fils de Dieu, ont reçu

(1) *Magn.*, IX, 2. Καὶ διὰ τοῦτο, ὃν δικαιως ἀνέμενον (προφῆται) παρὼν ἤγειρεν αὐτοὺς ἐκ νεκρῶν.

(2) *Evangel. Petri*, 41 : Καὶ φωνῆς ἤκουον ἐκ τῶν οὐρανῶν λεγούσης' ἐκήρυξας τοῖς κοιμωμένοις ; καὶ ὑπακοὴ ἠκούετο ἀπὸ τοῦ σταυροῦ ὅτι · ναί.

le baptême et sont entrées dans l'Eglise (1). Au cours de son *Dialogue*, saint Justin reproche aux Juifs d'avoir supprimé des prophéties de Jérémie le passage suivant : « Le Seigneur Dieu s'est souvenu des morts d'Israël qui dorment sous terre. Il est descendu vers eux pour leur annoncer son œuvre de salut (2) ». Saint Irénée ne se contente pas d'enseigner que l'âme du Sauveur s'est rendue au séjour des morts pour y consommer l'œuvre de la rédemption ; il se sert de ce fait comme d'un principe, pour réfuter les chrétiens de son temps qui rejetaient l'existence du millénaire et qui envoyaient les âmes des justes au ciel immédiatement après leur sortie du corps. « Puisque le Seigneur, dit-il, est allé là où vont les âmes des morts, est ressuscité ensuite corporellement et n'est allé qu'après cela au ciel, il est clair que les âmes de ses disciples en vue desquelles le Sauveur a agi ainsi, iront dans un lieu invisible déterminé par Dieu et y resteront jusqu'à la résurrection (3) ». Le même docteur se plaît à citer le texte que nous venons de rencontrer dans saint Justin et qu'il attribue lui aussi au prophète Jérémie (4). Clément d'Alexandrie copie à deux reprises différentes le texte d'Hermas et décrit, à l'aide du *Pasteur*, les événements dont l'empire des morts fut le théâtre, quand le Sauveur y entra ou fut sur le point

(1) *Similit.*, IX, XVI, 5. Οὗτοι οἱ ἀπόστολοι καὶ οἱ διδάσκαλοι οἱ κηρύξαντες τὸ ὄνομα τοῦ υἱοῦ τοῦ θεοῦ κοιμηθέντες ἐν δυνάμει καὶ πίστει τοῦ υἱοῦ τοῦ θεοῦ ἐκήρυξαν καὶ τοῖς προκεκοιμημένοις, καὶ αὐτοὶ ἔδωκαν αὐτοῖς τὴν σφραγῖδα τοῦ κηρύγματος.

(2) *Dialog.*, 72.

(3) *Haer.*, V, 31, 2.

(4) *Haer.*, III, 20, 4 ; IV, 22, 1 ; IV, 33, 12 ; V, 31, 1.

d'y entrer (1). Bref la doctrine de la descente du Christ aux enfers se retrouve dans presque tous les écrits du second siècle.

Au commencement du IIIe siècle, Tertullien et Origène recueillirent l'héritage traditionnel. Ici, comme sur plusieurs autres points, Tertullien se mit à l'école d'Irénée et se servit de la descente du Christ aux enfers pour combattre la doctrine qui ouvrait le ciel aux âmes justes immédiatement après leur mort. « Puisque le Christ, dit-il, s'est conformé, dans les enfers, aux lois de la mort humaine, et n'est monté au ciel qu'après être descendu dans les profondeurs de la terre pour se manifester aux prophètes, on doit donc croire qu'il y a des enfers sous terre, et heurter du coude les orgueilleux qui prétendent que ce séjour est indigne des âmes fidèles (2). » Origène, de son côté, affirma hautement, en dépit des railleries de Celse, que le Sauveur avait converti, dans le séjour des morts, toutes les âmes de bonne volonté (3). Le contemporain des deux docteurs dont nous venons de parler, Hippolyte, nous montre saint Jean-Baptiste continuant après sa mort sa mission de précurseur et allant dans les enfers annoncer aux âmes qui y habitent que le Christ va venir bientôt les délivrer (4). Plus tard, saint Cyprien (5), Lactance (6), saint-Hi-

(1) *Stromat.*, VI, 6 (*P. G.* 9, 265). Διόπερ ὁ Κύριος εὐηγγελίσατο καὶ τοῖς ἐν ἅδου... οὐχὶ δηλοῦσιν εὐηγγελίσθαι τὸν Κύριον τοῖς τε ἀπολωλοσιν ἐν τῷ κατακλυσμῷ μᾶλλον δὲ πεπεδημένοις... Voir encore : *Strom.*, II, 9.

(2) *De anima*. 55.

(3) *C. Celsum*, II, 4. 3.

(4) *De Christo et Antichristo*, 45, (P. G. X, 764).

(5) *Testimonia*, II, 24.

(6) *Divin Institut.*, IV, 19.

laire (1), saint Athanase (2), saint Cyrille de Jérusalem (3), saint Grégoire de Nazianze (4), saint Jérôme (5), saint Ambroise (6) et d'autres encore (7), reproduisirent les formules qui s'offraient à eux dans les écrits des anciens. « Le Christ, dit saint Cyrille de Jérusalem, est descendu dans les lieux souterrains pour racheter les justes. Est-il possible, je vous le demande, qu'il ait répandu le bienfait de la rédemption sur les vivants, dont beaucoup ne sont pas saints, et qu'il n'ait pas délivré ceux qui, depuis Adam, c'est-à-dire depuis des siècles, étaient en prison ? Le prophète Isaïe a décrit d'avance beaucoup d'événements de sa vie. Est-il possible que le roi ne soit pas descendu pour délivrer son héraut ? Là étaient David, Samuel, les prophètes, Jean-Baptiste lui-même, qui lui avait fait dire par ses envoyés : « *Est-ce toi qui dois venir ou devons-nous en attendre un autre* ? Est-il possible que le Christ ne soit pas allé les rendre à la liberté ? » Assez souvent même, on se servit de la descente aux enfers pour condamner tantôt les ariens, tantôt les apollinaristes, qui refusaient d'accorder une âme humaine au Verbe incarné. Grégoire de Nysse, par exemple, après avoir cité le texte du psalmiste : *Vous n'abandonnerez pas mon âme dans l'enfer*, ajoute : « La divinité est restée après l'incarnation ce qu'elle était auparavant ; la passion n'a causé en elle aucun changement ; sa

(1) *In ps.*, 118, XI, 3.
(2) *Ad Epictet.*, 5 et 6.
(3) *Catech.*, XIV, 17.
(4) *Orat.*, XLV, 24.
(5) *In Ephes.*, IV, 9.
(6) *De Incarnat.*, 40.
(7) Voir les textes cités dans le cours de cette étude.

nature est immuable (1) ». Et il conclut que le Verbe incarné possédait une âme humaine. Aussi saint Augustin a pu dire en toute vérité qu'il fallait être infidèle pour nier la descente du Christ dans le séjour des morts (2).

(1) *Contra Eunomium*, II, t. II, p. 483 édit. 1638.

(2) *Ep.*, CLXIV, 3.

II

LA DESCENTE AUX ENFERS DANS LES SYMBOLES

Une croyance aussi profondément enracinée dans la conscience des fidèles, avait, semble-t-il, sa place tout indiquée dans les formulaires de foi. Pourtant, ni le symbole du concile de Nicée, ni celui du Concile de Constantinople ne mentionnent la descente du Christ aux enfers. Le symbole de l'église de Jérusalem la passait également sous silence, car, dans ses *Catéchèses*, Cyrille, quand il rapporte la lettre de la règle de foi, se borne à dire que le Christ a été crucifié, qu'il a été enseveli et qu'il est ressuscité (1). De tous les formulaires composés en Orient, dans le cours du IVe siècle, un ou deux seulement, et ils sont d'origine arienne, parlent du voyage accompli par l'âme du Christ entre la mort et la résurrection (2).

En Occident, la descente aux enfers prit place dans le *Symbole des Apôtres*, mais assez tardivement. Saint Irénée (3),

(1) Voir les titres des *Catéchèses*, XIII et XIV : Σταυρωθέντα καὶ ταφέντα καὶ αναστάντα εκ νεκρῶν. Voir encore la restitution du symbole de Jérusalem faite par Touttée, à la fin de la *Catéch.*, V.

(2) Dans le *De Synodis*, 8 et 30 de saint Athanase.

(3) *Haer.*, I, 10, 1.

Tertullien (1), saint Optat (2), quand ils exposent la règle de la foi catholique, passent de la mort et de la sépulture du Christ à sa résurrection : évidemment le symbole, tel qu'on le récitait de leur temps, ne contenait pas autre chose. C'est dans le commentaire de Rufin d'Aquilée que nous rencontrons pour la première fois, en Occident, la formule *descendit ad inferna*, associée, dans le symbole, à la mention de la sépulture (3). Rufin est ici le témoin de la croyance de son pays. L'église d'Aquilée avait donc, à la fin du IVe siècle, introduit la descente aux enfers dans le symbole. Ce fait était alors et resta longtemps une exception. « Remarquons, dit Rufin, que le membre de phrase *descendit ad inferna* ne se trouve ni dans le symbole de l'église romaine ni dans celui des églises d'Orient (4). D'autre part, saint Augustin, toutes les fois qu'il cite la règle de foi, passe de la sépulture du Christ à sa résurrection (5). Un peu plus tard, saint Pierre Chrysologue fait de

(1) *De virginibus vel.*, I, 1 : « Crucifixum sub Pontio Pilato, tertia die resuscitatum a mortuis. » Voir encore : *adv. Praxeam*, 2.

(2) *Adv. Parmen.*, I, 1. « Cunctos nos... Deo fides una commendat. Cujus fidei pars est credere filium Dei... qui... per Mariam Virginem natus sit, passus et mortuus et sepultus, resurrexerit. »

(3) *Commentar. in Symbol.*, 14 (*P. L.* 21, 352). « Crucifixus sub Pontio Pilato et sepultus, descendit ad inferna. »

(4) *Ibid.*, 18. « Sciendum sane est quod in Ecclesiæ romanæ symbolo non habetur additum : *descendit ad inferna* ; sed neque in Orientis Ecclesiis habetur hic sermo. Vis tamen verbi videtur esse in eo quod *sepultus* dicitur. »

(5) *Serm.*, 212, 1 ; 214, 7.

même (1). Au ve siècle, l'église de Rome, l'église d'Afrique et l'église de Ravenne récitaient encore le *Symbole des apôtres* comme on le récitait à l'époque de Tertullien et n'y avaient pas inséré le *descendit ad inferna.* Toutefois cet article ne soulevait aucune objection doctrinale, puisque le séjour momentané de l'âme du Sauveur parmi les morts était l'objet de la croyance universelle. Au contraire, il mettait en lumière, ainsi que nous le verrons bientôt, le dogme de la rédemption. Les docteurs des ve et vi^e siècles, saint Léon (2), saint Fulgence (3), saint Césaire d'Arles (4), saint Grégoire (5), quand ils étaient amenés à parler de la mort du Sauveur, avaient soin de mentionner le voyage dans le séjour des morts. A la même époque, l'auteur du *Symbole de saint Athanase* inscrivait dans son résumé des dogmes chrétiens la phrase suivante : *Qui passus est pro salute nostra,* DESCENDIT AD INFEROS, *tertia die resurrexit.* Au viie siècle, un des conciles de Tolède s'exprimait ainsi : « Le Christ a pénétré dans le Tartare avec son âme. Par sa morsure puissante il en a arraché les âmes des saints que l'ennemi tenait captives, selon l'oracle du prophète : O enfer ! Je serai ta morsure. » Aussi, l'innovation de l'église d'Aquilée se répandit peu à peu. Au viie siècle, le missel

(1) *Serm.*, 57 à 61 (*P. L.* 52, 359 à 370). NICÉTAS, *Explanatio symboli,* 5 et 6 (*P. L.* 52,869) fait de même.

(2) *Serm.*, 25, 5 ; 71, 3; *Ep.*, xv, 17.

(3) *De fide ad Petrum*, 11.

(4) Sermon, 213.3 de la collection augustinienne. Les Bénédictins, tout en le maintenant parmi les sermons authentiques, déclarent qu'ils ne l'ont pas trouvé dans les manuscrits.

(5) Endroits mentionnés plus bas. Voir encore S. ISIDORE (*Sent.*, I, xvi, 15).

de Bobbio (1) et le *missale gallicanum vetus* (2) reproduisent le *Symbole des apôtres* avec le *descendit ad inferna*. Au IXe siècle, Amalaire de Trèves fait de même dans son traité des *Cérémonies du baptême* (3). Cependant le nouvel usage n'était pas encore solidement établi dans l'empire franc, car Théodulphe d'Orléans l'ignorait (4). Il est probable que la réforme liturgique accomplie par Charlemagne mit fin aux divergences qui subsistaient alors sur ce point et assura pour toujours au *descendit ad inferna* la place qu'il s'était ménagée dans le symbole (5).

(1) *Ad calcem sacramentarii bobbiensis* (*P. L.*, 72.580) « Andreas dixit passum sub Pontio Pilato, crucifixum et sepultum. — Philippus dixit : descendit ad inferna. Thomas dixit : tertia die resurrexit. » Voir dans le missel lui-même la *Missa in symboli traditione* (*P. L.* 72.489) : «... Mortuum et sepultum, descendit ad inferna, tertia die resurrexit à mortuis. »

(2) *P. L.*, 72, 349. Voir encore le sacramentaire de Benchor *P. L.*, 72, 597 : « Crucifixus et sepultus, descendit ad inferos ».

(3) *P. L.* 99.896. « mortuus et sepultus, descendit ad inferna. »

(4) *De ordine baptismi*, 7 (*P. L.*, 105, 227). Voir les notes de Ménard sur le sacramentaire de S. Grégoire (*P. L.*, 78,355).

(5) Si le symbole athanasien que l'on reculait naguère jusqu'au VIIIe siècle, doit être reporté au Ve ou au VIe siècle, comme on le croit généralement aujourd'hui (voir *Revue Bénédictine*, 1901, (p. 336), c'est sans doute à lui que le *descendit* doit son insertion dans le symbole apostolique tel que le donnent les missels et les sacramentaires du VIIIe siècle.

III

DÉMONSTRATION SCRIPTURAIRE DE LA DESCENTE CHEZ LES PÈRES

Quand les Pères mentionnent la descente du Christ aux enfers, ils se bornent parfois à attester le fait, sans expliquer comment ils le connaissent et d'où leur vient la certitude sur ce point. Toutefois, le plus souvent, ils tiennent à prouver que leur croyance au voyage du Sauveur dans le séjour des morts est appuyée sur l'Ecriture, et ils se réfèrent à un ou plusieurs textes tirés des livres saints. Quelles sont les autorités scripturaires auxquelles ils font appel ?

Nous venons d'entendre saint Justin et saint Irénée invoquer le témoignage du prophète Jérémie. Mais l'oracle qu'ils allèguent est étranger à l'ancien aussi bien qu'au nouveau Testament, et l'on est aujourd'hui d'accord à reconnaître que ces deux docteurs ont cité comme livre inspiré un apocryphe chrétien, sur lequel nous n'avons du reste aucun renseignement (1).

La prophètie du pseudo-Jérémie étant ainsi écartée, les principaux textes qui ont servi à la démonstration scripturaire de la descente sont les quatre suivants :

(1) HARNACK, *Geschichte der altchristlichen Litteratur*. I, 850.

Je les délivrerai des mains de la mort, je les arracherai à la mort. O mort ! je serai ta mort, je serai ta morsure, ô enfer ! (Osée, xiii, 14).

Tu n'abandonneras pas mon âme dans l'enfer, tu ne permettras pas que ton saint subisse la corruption. (Ps., XV, 10 cité dans le discours que saint Luc attribue à saint Pierre, Act., II, 27).

Comment est-il monté (au ciel), *sinon parce qu'il est d'abord descendu sous terre?* (Ad. Ephes., iv, 9).

Le Christ, mis à mort selon la chair, mais rendu vivant selon l'esprit, est allé, selon le même esprit, prêcher aux esprits en prison qui, autrefois, du temps de Noé, avaient été incrédules... L'Evangile a été, en effet, annoncé aux morts, afin que, après avoir été jugés, comme les hommes selon la chair, ils vivent pour Dieu selon l'esprit (I Petri, iii, 19 et IV, 2) (1).

Le texte d'Osée n'a pas été très fréquemment utilisé dans la question qui nous occupe ici. Néanmoins un certain nombre de docteurs, parmi lesquels nous rencontrons saint Cyrille de Jérusalem (2), saint Jérôme (3) et le pape saint

(1) On rencontre aussi parfois les suivants : « Contrivit portas æreas et vectes ferreos » (*Ps.*, 106, 16) ; « Penetrabo omnes inferiores partes terræ et inspiciam omnes dormientes et illuminabo omnes sperantes in Domino » (*Eccles.*, 24, 45) ; « Eripuisti animam meam ex inferno inferiori » (*Ps.*, 85, 13) ; « Sicut fuit Jonas in ventre ceti tribus diebus et tribus noctibus, sic erit Filius hominis in corde terræ (*Matth.*, 12, 40) ; Tu quoque in sanguine testamenti tui emisisti vinctos tuos de lacu (*Zachar.*, 9, 2) ; « Expolians principatus et potestates, traduxit confidenter » (*Coloss.*, 2, 15).

(2) *Catech.*, xiv, 17.

(3) *In Ose.*, xiii, 14.

Grégoire (1), l'ont signalé comme une prophétie qui avait reçu son accomplissement à l'époque de la descente du Sauveur aux enfers. « Le Seigneur, dit saint Grégoire, a arraché à l'enfer, tous ceux que, à leur foi et à leurs actes, il a reconnu pour les siens. Et cela, conformément à la parole d'Osée : O mort ! je serai ta mort, je serai ta morsure, ô enfer ! En effet, ce que nous tuons cesse d'exister. Au contraire, quand nous mordons un objet, nous en prenons une partie et nous laissons l'autre. Le Seigneur fut donc la mort de la mort, car il la tua dans ses élus. Comme il ne vida pas complètement l'enfer, il ne le tua pas, mais il lui fit une morsure. C'est comme s'il avait dit : Mort, je serai ta mort, parce que je te supprime dans mes élus ; enfer, je serai ta morsure, parce que je t'arrache un lambeau de toi-même en t'enlevant mes élus. »

Le texte de l'épître aux Ephésiens a été cité pour la première fois par saint Irénée, dans le passage suivant destiné à prouver contre les gnostiques que les âmes, en quittant cette terre, ne vont pas immédiatement au ciel : « Ils ne veulent pas comprendre que si les choses se passaient comme ils le disent, le Seigneur, auquel ils prétendent croire, ne serait pas ressuscité le troisième jour, mais se serait élevé au ciel immédiatement après son dernier soupir, en abandonnant son corps à la terre. Or, il a passé trois jours dans le séjour des morts, selon ce que dit le prophète (pseudo-Jérémie)... et l'apôtre : Comment est-il monté, sinon parce qu'il est d'abord descendu sous terre (2) ? »

De saint Irénée, le texte de saint Paul passa à Tertullien

(1) *Homil. in Evang.*, XXII, 5.
(2) *Haer.*, V, 31, 1.

qui, dans son *De anima*, le fit servir au même but que l'évêque de Lyon (1). Nous le retrouvons maintes fois ensuite. Voici comment saint Jérôme l'a commenté : « Les parties inférieures de la terre désignent l'enfer, où Notre-Seigneur descendit pour en arracher les âmes des saints qui y étaient enfermées et les emmener au ciel... C'est ce qui explique que, après la résurrection, les corps de beaucoup de justes apparurent dans la cité sainte (2). »

Le texte du psaume XV ou des *Actes* — puisque saint Luc, comme on se le rappelle, l'a mis dans la bouche de saint Pierre — a eu, dans la démonstration de la descente, une part plus considérable à lui seul que ceux d'Osée et de saint Paul réunis. La plupart des Pères se sont référés à lui, quand ils ont eu à parler du voyage du Sauveur dans le séjour des morts. Bornons-nous à montrer le cas qu'en a fait saint Augustin. « Il est sûr, dit-il, que le Seigneur s'est rendu dans l'enfer après sa mort. On ne peut, en effet, s'inscrire en faux contre la prophétie du psalmiste : *Quoniam non derelinques animam meam in inferno*. Et qu'on ne dise pas que cet oracle ne parle pas de la descente dans l'enfer ; car saint Pierre qui l'a cité dans les *Actes*, prouve qu'on ne doit pas y attacher un autre sens. On ne peut non plus s'inscrire en faux contre la parole du prince des apôtres qui déclare que le Seigneur a brisé les douleurs de la mort dans lesquelles il ne pouvait rester captif. Qui donc, à moins d'être infidèle, refusera de croire que le Christ est allé dans l'enfer ? Que si l'on demande comment il a brisé les douleurs dans lesquelles il n'a jamais été enchaîné, il est facile de comprendre que le Seigneur les a brisées

(1) *De anima*, 55.

(2) *In Ephes.*, IV, 9.

comme on brise les filets des chasseurs, non parce qu'on y est enchaîné, mais pour les empêcher de retenir la proie. » En somme, le texte du psaume XV fut l'un des deux textes classiques de la descente aux enfers (1).

Car il y en eut un autre qui partagea cet honneur avec lui : je veux parler du texte de l'épître de saint Pierre. C'est de ce dernier que s'inspire l'*Evangile de Pierre*, quand il nous fait entendre la voix mystérieuse qui demande au Christ s'il a prêché les morts (2). C'est de lui également que s'inspire Hermas quand il dit : « Les apôtres et les disciples, après avoir prêché le nom du fils de Dieu, quittèrent cette vie. Et alors ils allèrent prêcher ceux qui étaient morts avant eux et ils leur donnèrent le sceau de la prédication (3). » C'est encore sur lui que s'appuie Clément d'Alexandrie dans ce passage des *Stromates* : « Si le Seigneur n'est descendu dans les enfers que pour prêcher l'Evangile — et il n'y a sur ce point aucun doute -- ou bien il l'a annoncé à tous, ou bien il s'est borné à l'annoncer aux Hébreux. S'il l'a annoncé à tous, tous ceux qui ont cru ont été sauvés, même ceux qui étaient d'origine païenne... Si le Christ n'a annoncé l'Evangile qu'aux juifs... comme Dieu ne fait pas acception de personnes, les apôtres ont dû évangéliser tous ceux des païens qui étaient disposés à se convertir (4). »

Le texte de l'épître de saint Pierre occupa donc, dans le second siècle, une place considérable dans la démonstration de la descente. Dans les deux siècles suivants, son influence ne fut pas moindre, car nous voyons Origène, saint

(1) *Ep.* CLXIV, 3.
(2) *Evang. Petri.*, 41.
(3) *Simil.*, IX, 16, 5.
(4) *Strom.*, VI, 6.

Athanase, saint Hilaire, le citer ouvertement ou du moins s'orienter sur lui (1). Mais au commencement du ve siècle, l'interprétation dont il avait été jusque-là l'objet rencontra un puissant adversaire : saint Augustin.

Un jour, Augustin reçut de son ami Evode une lettre où était posée, entre plusieurs autres, la question suivante : « Veuillez me dire quels sont les esprits dont Pierre dit que le Christ est allé dans l'enfer les évangéliser tous et les délivrer, de sorte que, depuis la résurrection du Seigneur, jusqu'à l'époque du jugement, l'enfer est et restera vide (2). » Le docteur d'Hippone commença par déclarer à son correspondant que sa question lui causait un vif embarras, et qu'il aimerait autant recevoir une solution que de la donner. Néanmoins, après ce préambule inspiré par l'humilité, il se mit à l'œuvre et fit l'exégèse du texte proposé. Si le Christ, comme semble le dire l'apôtre, est allé dans les enfers prêcher des incrédules, pourquoi s'est-il borné à évangéliser les contemporains de Noé ? Pourquoi a-t-il exclu de sa mission évangélisatrice les incrédules si nombreux des siècles postérieurs au déluge ? Dira-t-on que le Sauveur ne s'est pas adressé seulement aux incrédules du temps de Noé, et qu'il a prêché tous les esprits qui avaient quitté cette terre sans avoir reçu la lumière de la foi (3) ? Mais combien sont dans le même cas parmi ceux-là mêmes qui ont vécu après la résurrection du Christ ! Combien qui n'ont jamais entendu parler de l'Evangile et qui sont allés dans l'autre monde, avant d'avoir pu connaître

(1) Voir plus haut, p. 6.
(2) *Ep.*, CLXIII.
(3) *Ep.*, CLXIV, 12.

la vérité? On devra donc admettre que, pour eux aussi, le salut est encore possible et que, dans le lieu où ils résident actuellement, ils sont à même de s'instruire des dogmes de la foi. Mais qui ne voit tout ce qu'il y a d'absurde dans une pareille hypothèse (1)!

Après tous ces considérants, il fallait conclure. La conclusion de saint Augustin fut que saint Pierre avait parlé d'une mission accomplie, non pas dans les enfers par le Christ allant prêcher aux âmes des morts après sa passion, mais sur la terre par le Verbe à l'époque de Noé, et donc longtemps avant l'incarnation. Cette interprétation ne laissait pas de soulever certaines objections. Comment la concilier avec le texte de l'apôtre où il est question de « morts » et « d'esprits en prison »? Et comment identifier à l'action exercée au temps du déluge par le Verbe sur des hommes morts, une mission évangélisatrice attribuée au Christ mort et accomplie dans le séjour des morts? Mais saint Augustin sut résoudre cette difficulté. « Les esprits en prison, dit-il, ce sont les âmes des hommes encore vivants, mais qui sont emprisonnées dans les ténèbres de l'ignorance. Le psalmiste ne dit-il pas : Délivre mon âme de sa prison pour qu'elle loue ton nom (2)?... Quant aux morts, ce sont sans doute les infidèles dont l'âme est morte, selon le mot du Sauveur : Laissez les morts ensevelir les morts (3). »

L'interprétation augustinienne du texte de l'épître de saint Pierre ne pénétra pas en Orient, où Jobius (4), saint

(1) *Ibid.*, n. 13.
(2) *Ibid.*, n. 16.
(3) *Ibid.*, n. 21.
(4) Dans Photius, *Cod.*, CCXXII, 38.

Jean Damascène (1), Œcuménius (2) et Théophylacte (3) continuèrent de prouver la descente aux enfers par cet endroit de l'Ecriture. Mais en Occident il n'en fut pas de même. Là on ne pensait que par saint Augustin, à moins que ce ne fût par saint Grégoire. Ce fut à l'évêque d'Hippone qu'on demanda l'explication du texte mystérieux. Dans son commentaire sur la *Prima Petri*, arrivé à notre texte, Bède l'interpréta ainsi : « Le Christ, qui est venu à notre époque dans la chair pour montrer au monde le chemin de la vérité, vint aussi, en esprit, avant le déluge, prêcher ceux qui étaient incrédules et vivaient charnellement (4). » Il est vrai que le vénérable exégète anglo-saxon trouvait le problème largement simplifié par la leçon suivante qu'il lisait dans son manuscrit : *In quo et iis qui in* CARNE *conclusi erant*. Mais il n'ignorait pas notre leçon actuelle et il avait appris de saint Augustin la manière de l'entendre, comme le prouve ce qui suit : « Quelques manuscrits ont : *In quo et iis qui in* CARCERE *erant*... Cette expression désigne les incrédules qui, plongés qu'ils sont dans les ténèbres de l'erreur, doivent être considérés comme des prisonniers... D'ailleurs le psalmiste a dit : Délivre mon âme de sa prison pour qu'elle loue ton nom. » Telle fut l'interprétation de Bède. Au IXe siècle, Walafrid Strabon inséra ce commentaire dans sa *Glose* (5). Nous allons voir bientôt ce qui en résulta.

(1) *De fide orthodoxa*, III, 29. Saint Jean Damascène ne cite pas le texte de saint Pierre, mais il y fait une allusion que saint Thomas a remarquée (*Summa*, III, 52, 2).

(2) *In Iam Petri*, III, 19.

(3) *In Iam Petri*, III, 19.

(4) *In Iam Petri*, III, 19.

(5) *Glossa* (*P. L.*, CXIV, 686.

IV

DÉMONSTRATION DE LA DESCENTE CHEZ LES SCOLASTIQUES

Professée par le *Symbole des apôtres* et par le *Symbole de saint Athanase,* proclamée par tous les Pères et munie par leurs soins d'attestations scripturaires, la doctrine de la descente appartenait vraiment à la foi catholique. Elle reçut d'ailleurs une nouvelle confirmation et, pour ainsi parler, un degré supérieur de certitude théologique, dans le quatrième concile de Latran qui promulgua la définition suivante : « Le Fils de Dieu, Jésus-Christ... a souffert sur la croix pour le salut du genre humain. Il est descendu aux enfers, est ressuscité des morts, est monté aux cieux. Mais il est descendu selon son âme, il est ressuscité selon sa chair (1). » Aussi les scolastiques de la grande époque, trouvant le dogme de la descente solidement assis dans la conscience catholique, se préoccupèrent moins de le prouver que de l'expliquer. Sous quel aspect ils présentent l'œuvre accomplie par le Sauveur dans les enfers, nous le verrons plus loin. Seul leur appareil de démonstration doit nous oc-

(1) DENZINGER, *Enchiridion symbolorum,* n. 356.)

cuper ici (1). Et lui-même ne mériterait pas de fixer notre attention, n'était une lacune que l'on ne peut s'empêcher d'y remarquer. Les scolastiques du Moyen Age ont mis à la base du dogme de la descente plusieurs des textes scripturaires que nous connaissons ; ils ne l'ont pas appuyé sur la première épître de saint Pierre. Est-ce négligence ou calcul? Ecoutons saint Thomas. « Quelques-uns, dit-il, appliquent le texte de l'épître de saint Pierre à la descente du Christ aux enfers. Selon eux, le *carcer* dans lequel les esprits sont enfermés désigne l'enfer ; le *spiritus* qui vient les prêcher est l'âme du Christ. Et c'est ainsi que Damascène entend ce texte... Mais Augustin a donné une meilleure explication dans sa lettre à Erode. Il nous apprend que, dans cet endroit, l'apôtre ne parle pas d'une descente du Christ dans les enfers, mais d'une mission accomplie par le Verbe dans les premiers temps du monde. Selon lui, la prison, où les esprits sont enfermés, c'est le corps qui est, en effet, la

(1) Pierre Lombard (*Sent* III, 22) cite accessoirement quelques attestations patristiques de la descente, mais il ne se propose pas de la prouver. Saint Thomas (*Summa*, III, 52, 1) la prouve par les textes de l'épître aux Ephésiens, d'Osée, de Zacharie, de l'épître aux Colossiens, du ps. 23, 7 (*attollite portas principes vestras*. La *Glose* appliquait ce texte aux puissances de l'enfer). Duns Scot semble dire quelque part (*in Sent.*, I, *dist.* XI, *qu.* I) que la descente aux enfers est du nombre des dogmes qui ne peuvent pas se prouver scripturairement. En réalité il se borne à dire qu'elle n'est pas attestée par l'Evangile. Il ne doute pas qu'on puisse la prouver par les écrits apostoliques. Il dit, en effet, que les apôtres ont appris du Saint-Esprit beaucoup de choses qui ne sont pas dans l'Evangile et qu'ils ont consignées *per Scripturam* ou transmises *per Traditionem*.

prison de l'âme ; l' « esprit » désigne la divinité du Verbe qui prêcha au moyen d'inspirations intérieures ; la mission eut lieu à l'époque de Noé et s'adressa aux contemporains de ce patriarche (1). » On le voit, l'interprétation augustinienne du texte de saint Pierre, transmise par Bède et la *Glose* de Strabon, s'est imposée aux scolastiques du Moyen Age.

Les choses allèrent ainsi jusqu'au XVIe siècle. A cette époque, un certain nombre de protestants, rompant audacieusement avec la tradition, déclarèrent que, de tous les textes scripturaires allégués par les scolastiques pour prouver le séjour du Christ parmi les morts, aucun n'avait de valeur, et que la descente aux enfers devait être reléguée au rang des fables. Alors Bellarmin, Suarez, Estius, tous les théologiens eurent à cœur de défendre la foi catholique, et la preuve de la descente acquit une importance qu'elle avait depuis longtemps perdue. Or, comment faire cette preuve sans consulter la tradition ? Et comment étudier la tradition sans remarquer que, par son interprétation du texte de saint Pierre, l'évêque d'Hippone avait enlevé à l'apologétique un argument dont un grand nombre de Pères s'étaient servis ? Aussi, Bellarmin, dans une dissertation en cinq points, prouva que le commentaire de saint Augustin sur le texte en litige faisait violence à l'ordre logique des pensées aussi bien qu'à la propriété des mots, et qu'il était de tout point inadmissible. « Quelle liaison, dit-

(1) *Summa theol.*, III, 52, 2. Albert le Grand (*in Sent.* III, 22, 4) prouve la descente par cinq textes dont un est emprunté à l'*Evangile de Nicodème.* Il ne mentionne pas l'épître de saint Pierre.

il, peut-on établir entre ces deux propositions : le Christ, à l'époque de sa passion est mort selon la chair, tandis qu'il est resté vivant selon l'esprit ; c'est pour cela que Dieu a prêché autrefois aux hommes par l'entremise de Noé (1) » ? La critique de Bellarmin fit impression. Suarez reconnut, lui aussi, que saint Augustin avait faussé le sens du texte biblique (2). Pétau déclara son explication dénuée de toute probabilité (3). Benoît XIV emprunta à Bellarmin une de ses objections, sans toutefois dire contre qui elle était dirigée (4). En somme, l'interprétation de *I Petri*, III, 19, qui, à la suite d'Augustin, avait régné pendant tout le Moyen Age, est, depuis trois siècles, universellement abandonnée. Les théologiens s'accordent aujourd'hui à reconnaître que l'apôtre, dans cet endroit, a en vue la descente du Christ aux enfers.

Comment saint Augustin et, à sa suite, les plus grands docteurs du Moyen Age sont-ils arrivés à cet étrange résultat de négliger un texte dans la démonstration d'une croyance qui a en lui une de ses plus importantes racines ? Nous le verrons bientôt. Pour le moment, cherchons l'idée précise que l'on se faisait de l'œuvre accomplie par le Christ dans l'enfer.

(1) *De Christo*, IV, 13. Il dit encore : « Per spiritus qui in carcere erant, non videtur posse intelligi homines viventes nisi de industria sanctus Petrus affectaverit improprietatem et obscuritatem. »

(2) *In* IIIam *Partem*, *disput.* 43, *sect.* III, 7. « Quoniam expositionem (Augustini) magis probavit divus Thomas. Est tamen creditu difficilis, primo quia multa verba exponuntur impropriе et per translationem... »

(3) *De Incarnat.*, XIII, XVIII, 14. « Verum neutiquam illa probabilis est. »

(4) *De Sabbato sancto*, 5.

V

ŒUVRE DU CHRIST DANS LES ENFERS SELON L'ENSEIGNEMENT DES PÈRES

Notre-Seigneur est donc descendu après sa mort dans les enfers. Mais dans quel but? Pour quel motif s'est-il transporté dans le séjour des morts ? Quelle mission avait-il à remplir auprès d'eux ? Ce problème se posa devant la conscience chrétienne comme le prolongement et, en quelque sorte, l'écho du problème de la rédemption. Le Christ s'est rendu dans les enfers pour y compléter et y couronner l'œuvre commencée sur la terre, pour étendre aux morts le bienfait que son incarnation avait procuré aux vivants. Voilà ce que l'on comprit généralement. On se rendit compte que, pour être fixé sur le sens de la descente dans les enfers, il s'agissait seulement de connaître la mission accomplie dans ce monde. Or, dans les premiers siècles, deux doctrines principales se disputèrent l'honneur d'expliquer la venue du Fils de Dieu sur la terre : la doctrine de l'évangélisation et la doctrine de la délivrance ; l'une qui montrait dans le Christ un docteur apportant aux hommes, plongés dans les ténèbres de l'erreur, la lumière de la vérité ; l'autre qui le présentait comme un libérateur, ruinant l'empire de Satan et brisant les chaînes dans lesquelles ce tyran tenait captif le genre humain. De même, la descente fut interprétée tantôt comme une prédication adressée aux habitants des enfers, tantôt comme une victoire remportée sur Satan et destinée à lui arracher ses victimes.

Nous connaissons déjà la théorie de la prédication, pour l'avoir rencontrée maintes fois sur notre chemin. N'avons-nous pas lu dans l'*Evangile de Pierre* que Jésus, sortant du tombeau, attesta avoir évangélisé les morts. Hermas et Clément d'Alexandrie ne nous ont-ils pas parlé de l'œuvre d'apostolat exercée chez les morts, soit par les disciples du Sauveur, soit par le Sauveur lui-même? Et n'avons-nous pas entendu Origène déclarer, dans son livre *Contre Celse*, que le Seigneur avait converti dans l'enfer toutes les âmes de bonne volonté? Patronnée par l'auteur du *Périarchon*, la doctrine de la prédication obtint le succès que l'illustre professeur d'Alexandrie savait donner à tous les produits marqués de son empreinte. « Pendant que le corps était dans le sépulcre, le Verbe, tout en restant uni au corps, est allé dans les enfers prêcher aux esprits qui y étaient emprisonnés. » Ainsi parle un docteur qui, pourtant, est de l'école opposée à Origène : saint Athanase (1). Quand les adversaires tiennent ce langage, on devine ce que doivent dire les amis. Saint Hilaire nous raconte que le Christ, dans les enfers, exhorta à la conversion ceux qui, du temps de Noé, s'étaient abandonnés à l'incrédulité (2). « Après avoir triomphé du démon, dit l'Ambrosiastre, le Seigneur

(1) *Ad Epictet.*, 5.
(2) *In Ps.*, 118, XI, 3.

descendit dans les entrailles de la terre, et là, prêchant par sa présence, il délivra tous ceux qui s'attachèrent à lui (1). » Et nous allons bientôt entendre saint Jean Damascène nous décrire les fruits de la mission prêchée par le Christ chez les morts.

Le prédicateur se propose d'éclairer les intelligences et de toucher les cœurs ; il ne s'adresse pas aux parfaits, à ceux qui possèdent la plénitude de la science et de la vertu, mais aux égarés et aux pécheurs. Dans la théorie de la prédication, le Christ n'est donc pas descendu sous terre à l'intention des patriarches, des prophètes et des autres saints de l'ancienne loi ; c'est pour porter la lumière de la foi à ceux qui en étaient privés, qu'il a entrepris son voyage ; ce sont les infidèles qui ont motivé la descente.

Mais est-ce à tous les infidèles ou seulement à quelques-uns que le Sauveur s'est adressé ? Tous ont-ils été admis à entendre le message du salut ? Ont-ils au contraire été soumis à un triage, à une sélection ? Nous savons dès maintenant comment Clément et Origène répondirent à cette question. Selon ces deux docteurs, le flambeau de la foi fut présenté à tous les esprits ; tous furent invités à adhérer aux vérités évangéliques ; la seule condition mise au salut fut la bonne volonté. Origène fit école même en Occident, où l'Ambrosiastre vient de nous apprendre que le Seigneur prêcha par sa présence tous les habitants de l'enfer et qu'il délivra tous ceux qui s'attachèrent à lui. Mais ce fut dans l'Orient qu'il recruta le plus d'élèves. Voici ce que dit Jobius : « Tous ceux qui, dans l'enfer, crurent au Christ, furent remplis d'une joie spirituelle.

(1) *In Ephes.*, IV, 9.

L'expression de saint Pierre : *pour qu'ils soient jugés dans la chair*, doit donc s'entendre de ceux qui refusèrent de croire, La formule : *pour qu'ils vivent en esprit*, s'applique à ceux qui crurent (1). » Avant Jobius, saint Grégoire de Nazianze s'était avancé plus loin, comme le prouve ce texte : « Peut-être le Christ a-t-il sauvé tous les habitants de l'enfer ; peut-être n'a-t-il accordé le salut qu'à ceux qui crurent en lui (2). » Et saint Cyrille d'Alexandrie n'avait pas craint d'affirmer que le Sauveur vida l'enfer et n'y laissa que le diable (3). Ces docteurs dépassaient la lettre d'Origène pour suivre son esprit, je veux dire la logique de son système.

Toutefois saint Jean Damascène donne à la question posée plus haut une réponse un peu différente et attribue à la prédication du Sauveur dans les enfers des fruits moins abondants, bien que très consolants encore. Laissons-lui la parole : « Le prophète déclare que, dans l'enfer, personne ne loue Dieu. Mais, depuis qu'il a prononcé cet oracle, le Seigneur a reçu des louanges qui s'élevaient de l'enfer. Elles venaient de ceux qui firent un acte de foi, quand le Sauveur descendit chez les morts. L'auteur de la vie, en effet, n'accorda pas le salut à tous indistinctement, mais à ceux-là seuls qui crurent alors en lui. D'aucuns, il est vrai, prétendent qu'il n'y a eu à obtenir le salut que le petit

(1) Dans Photius, *Cod.*, 222, 335.

(2) *Orat.* XLV, 24 : Ἁπλῶς σώζει πάντας ἐπιφανεὶς, ἢ κἀκεῖ τοὺς πιστεύοντας.

(3) *Homil. paschal*, VII, fin. *L. G.* 77.552 : Ὅλον γὰρ εὐθὺς σκυλεύσας τὸν ᾅδην, καὶ τὰς ἀφύκτους τεῖς τῶν κεκοιμένων πνεύμασιν ἀναπετάσας πύλας ἐρημὸν τε καὶ μόνον ἀφεὶς ἐκεῖσε τὸν διάβολον.

nombre de ceux qui avaient eu la foi sur la terre, à savoir les patriarches, les prophètes, les juges, les rois et les autres membres du peuple hébreu. Mais, dans cette opinion, la descente n'a procuré aucun bienfait. Quelle merveille, en effet, que le Christ ait sauvé tous ceux qui, ici-bas, croyaient en lui, alors que ce juge intègre ne peut laisser périr aucun de ceux qui ont la foi? Il a donc dû délivrer des chaînes de l'enfer tous ceux qui ont cru quand il est descendu dans le séjour des morts. Mais, selon mon sentiment, il n'y a eu à recevoir de sa bonté le salut que ceux qui, sur cette terre, ont mené une vie très pure, qui ont pratiqué la modestie, la tempérance, la chasteté, sans pourtant avoir reçu la lumière de la foi. Ceux-là, le Seigneur qui étend sur tous sa providence, les a attirés à lui; il les a pris dans son divin filet; et, en projetant sur eux ses rayons divins, il les a déterminés à croire en lui. Lui qui est miséricordieux ne pouvait, en effet, permettre qu'ils eussent travaillé en vain... (1) »

On le voit, sous la plume de saint Jean Damascène, la descente aux enfers est encore une prédication, mais cette prédication n'a plus l'ampleur que lui avaient donnée Clément, Origène, saint Grégoire de Nazianze et saint Cyrille d'Alexandrie. Elle ne s'adresse plus à tous les infidèles indistinctement. Elle fait un triage parmi les esprits dépourvus de la foi. Elle se tourne vers les âmes qui ont vécu

(1) *De iis qui in fide dormierunt*, 13, *P. G.*, xcv, 257. Dans le *De fide orthodoxa*, III, 29, saint Jean Damascène exprime la même pensée dans un langage très laconique. Le commentaire que saint Thomas (III, 52, 2) donne de son texte est inexact.

sur cette terre dans la pratique du bien et délaisse les autres. Elle est une récompense offerte à la vertu païenne. Et cette interprétation donnée par le docteur de Damas à la descente resta gravée dans la pensée de l'Eglise grecque, car c'est elle que nous retrouvons dans les commentaires d'OEcuménius et de Théophylacte (1).

En face de la doctrine de l'évangélisation se dressa toujours la doctrine de la délivrance. Toutes deux poursuivirent parallèlement leur marche, et, dès maintenant, nous pouvons dire que ces deux théories se partagèrent les deux moitiés de l'Eglise, et que l'une régna en Occident, pendant que l'autre avait les sympathies de l'Orient. Toutefois cette assertion ne doit pas être prise à la lettre. Nous venons de voir que la théorie de la prédication a été soutenue dans l'Eglise latine par Hermas, saint Hilaire et l'Ambrosiastre. Nous allons constater maintenant que d'illustres docteurs grecs l'ont repoussée. Ou plutôt, nous avons déjà commencé cette constatation. Saint Cyrille de Jérusalem ne nous a-t-il pas dit que le Christ était allé sous terre briser les chaînes des patriarches et des prophètes? Cyrille n'est pas le seul docteur oriental à tenir ce langage. Saint Epiphane, lui aussi, présente le Christ comme un libérateur descendant dans l'enfer pour en faire sortir les patriarches (2). Mais il faut surtout entendre saint Jean Chrysostome protester contre la théorie chère à Clément et à Origène.

(1) Dans leurs commentaires sur I *Petri* 3, 19. Tous deux sont fort embarrassés par le texte de saint Grégoire de Nazianze. Ils arrivent néanmoins, après de pénibles efforts, à mettre ce saint docteur de leur côté.

(2) *Haer.*, XLVI, 4.

« Il y en a qui prétendent que Jean-Baptiste fit demander au Christ : *Es-tu celui qui doit venir*, pour savoir s'il devait prêcher dans l'enfer. Cette explication est un pur enfantillage. Et ses défenseurs méritent qu'on leur applique ce mot de l'apôtre : Frères, soyez enfants sous le rapport de la malice, mais non sous le rapport de la raison. Nous n'avons que la vie présente pour faire le bien ; après la mort il n'y a de place que pour le jugement et le supplice. Il est écrit, en effet : *Qui te louera dans l'enfer ?* Vous me direz peut-être, que les portes d'airain ont été enfoncées, que les verroux de fer ont été brisés... Cela prouve que la puissance de la mort a été anéantie, mais non que les péchés de ceux qui étaient morts, avant la descente, ont été remis. Autrement, et si l'on admet que tous les morts ont été délivrés de la géhenne, que veulent dire ces paroles : « Sodome et Gomorrhe seront traitées avec plus d'indulgence?... » Qu'on ne dise pas que je soumets à un traitement injuste ceux qui ont vécu avant l'arrivée du Sauveur. Il n'en est rien. Ces hommes, en effet, n'avaient pas besoin pour être sauvés de connaître le Christ, il leur suffisait de ne pas adorer les idoles et de connaître le vrai Dieu... En somme, la prédication du précurseur n'a rien à faire ici. Autrement, si l'on admet qu'il suffit de croire après la mort pour être sauvé, personne ne périra. Nous savons, en effet, que tous doivent faire pénitence et adorer le Christ. Saint Paul nous l'apprend, quand il dit que toute langue louera et que tout genou fléchira au ciel, sur la terre et dans les enfers... Mais cette soumission sera inutile, attendu qu'elle ne sera pas volontaire, mais qu'elle sera imposée par la nécessité (1). »

(1) *In Matth. hom.*, xxxvi, 4.

On doit donc reconnaître que l'évangélisation a eu quelques adversaires en Orient. Mais ce sont là des cas exceptionnels. Il reste vrai que l'Eglise grecque s'est représenté le Christ descendant aux enfers sous les traits d'un prédicateur. Quant à l'Eglise latine, après quelques hésitations, elle se plut à le considérer comme un libérateur, allant arracher de vive force des prisonniers que Satan détenait dans les fers, et elle répudia l'évangélisation. Trois témoignages suffisent à nous donner la preuve de cette assertion.

Voici d'abord comment s'exprime saint Philastre : « Il y a des hérétiques qui disent que le Seigneur est allé dans l'enfer, pour prêcher à tous ceux qui y résidaient et pour sauver ceux qui feraient un acte de foi. Ceci est opposé à l'oracle de David : « Qui te louera dans l'enfer ? » C'est également en opposition avec cette parole de l'apôtre : « Ceux qui pèchent sans la loi périront sans la loi » ; et à cette autre : « Plusieurs seront traités avec plus d'indulgence que cette cité qui n'a pas cru » à l'enseignement des apôtres et de l'Evangile. D'où il résulte, non pas que les coupables seront sauvés, mais qu'ils ne seront pas tous également punis (1). » L'évangélisation et la conversion des infidèles est donc rangée par saint Philastre au nombre des hérésies. Et, sans doute, l'autorité de l'évêque de Brescia est assez restreinte. Mais ici derrière Philastre se tient saint Augustin qui écrit : « Il y a une autre hérésie d'après laquelle, lors de la descente du Christ aux enfers, les incrédules firent un acte de foi et furent délivrés (2). » Et derrière

(1) *Haer.*, CXXV ; *P. L.*, XII, 1251.
(2) *De haeres.*, 79.

saint Augustin se présente le pape saint Grégoire qui, dans une lettre adressée au prêtre George du clergé de Constantinople, tient le langage suivant : « Après votre départ, mes très chers fils, les diacres m'ont informé que, d'après votre charité, le Seigneur tout, puissant Jésus-Christ notre Sauveur, lors de sa descente aux enfers, aurait sauvé et délivré de leurs peines tous ceux qui, à ce moment, firent profession de foi à sa divinité. Je veux que votre charité renonce à cette opinion. En effet, quand le Seigneur descendit dans les enfers, il délivra par sa grâce ceux-là seulement qui, pendant leur vie, avaient cru à sa venue et avaient vécu conformément à sa loi. Il est certain que, depuis l'incarnation du Seigneur, il faut, pour être sauvé, non seulement avoir la foi, mais encore vivre conformément aux préceptes de la foi... selon ce que dit Jacques : la foi sans les œuvres est morte. Si les fidèles ne peuvent être sauvés aujourd'hui sans les bonnes œuvres, dire que les infidèles ont pu être sauvés sans bonnes œuvres à l'époque de la descente du Seigneur dans l'enfer, c'est prétendre que la condition des hommes n'est plus aussi douce depuis l'incarnation que dans les temps qui ont précédé ce mystère. Or, c'est là une insanité condamnée par le Seigneur, quand il a dit : « Beaucoup de rois et de prophètes ont désiré voir ce que vous voyez et ne l'ont pas vu ». D'ailleurs le texte suivant de Philastre me dispense d'allonger cette dissertation. Voici ce que dit cet auteur dans son livre *De hæresibus* ». Ici le pape rapporte l'extrait de saint Philastre que nous connaissons. Il ajoute que saint Augustin a tenu le même langage dans le *Traité des Hérésies* (1).

(1) *Ep.*, VII, 15.

L'Eglise latine a donc, depuis le commencement du ve siècle, rangé au nombre des hérésies, la théorie de l'évangélisation dont quelques-uns de ses docteurs, jusqu'à la fin du IVe siècle, s'étaient constitués les représentants, et qui conserva toujours les sympathies de l'Eglise grecque. Etudions, maintenant, de plus près la doctrine de la délivrance.

A l'encontre du Christ prédicateur, qui allait dans les enfers apporter aux infidèles le flambeau de la vérité, le Christ libérateur ne devait régulièrement accorder le secours de sa puissance qu'à ses saints. C'est, en effet, sous cette forme que la doctrine de la délivrance nous a été présentée par saint Cyrille de Jérusalem ; c'est aussi sous cette forme qu'elle a fini par prévaloir. Mais avant de remporter la victoire, elle a eu à lutter contre une autre conception, d'après laquelle le Sauveur était allé au secours des pécheurs. En d'autres termes, la théorie de la délivrance a reçu deux interprétations : l'une transitoire, qui destinait la délivrance aux pécheurs ; l'autre définitive, qui la réservait aux saints.

C'est à la première interprétation que s'est attaché saint Jean Chrysostome dans l'éloquente tirade que nous venons d'entendre. Il déclare, en effet, hautement que tout est réglé au sortir de la vie présente, et qu'il n'y a jamais eu de prédication dans les enfers. Mais il accorde, en même temps, qu'avant l'ère chrétienne, la connaissance du Christ n'était pas nécessaire au salut et qu'il suffisait aux anciens, pour être sauvés, d'éviter le culte des idoles et de pratiquer la vertu. Il réserve pour les justes le bienfait de la descente ; mais les justes, tels qu'il les conçoit, ne sont plus seulement les saints de l'Ancien Testament qui unissaient la foi à la pratique des vertus. Sans s'en douter, saint Jean Chrysostome s'est laissé inoculer une parcelle des tendances origénistes.

Saint Epiphane nous transporte dans un ordre d'idées analogue bien que différent. En effet, l'évêque de Salamine qui, dans maints endroits, réserve aux patriarches le bienfait de la délivrance accomplie par le Christ dans le royaume des morts, tient quelque part le langage suivant : « A tous ceux qui l'avaient connu autrefois, et qui ne s'étaient pas détournés de sa divinité, mais qui étaient retenus dans les enfers pour quelques péchés, le Christ a accordé le pardon de leurs fautes. Pour les vivants, il a mis la pénitence comme condition à son pardon ; à ceux qui étaient dans les enfers, il l'a accordé par pure miséricorde (1) ». Epiphane semble dire ici que le Christ est allé dans les enfers pour faire grâce à des fidèles pécheurs. S'il en est ainsi, la descente qui n'a sans doute pas été une œuvre de prédication, n'a pas non plus été destinée à délivrer des captifs injustement détenus : elle a été une œuvre de pardon. Nous serons bientôt en mesure de démêler la pensée précise du saint évêque.

Quand nous passons à l'Occident, le premier commentaire — après celui d'Hermas — que nous rencontrons sur l'œuvre de la descente, nous est fourni par saint Irénée dans le texte que voici : « Le Christ n'est pas venu seulement pour les croyants qui ont vécu à l'époque de Tibère César ou pour tous ceux qui vivent actuellement, mais pour tous ceux qui, depuis l'origine du monde, ont vécu dans la crainte et l'amour de Dieu, dans la pratique

(1) *Haer.*, XLVI, 4.

de la justice et de la charité à l'égard du prochain, et qui ont désiré voir le Christ. (1) » Ici la délivrance est limitée aux saints de l'ancien Testament, à ceux qui connaissaient le Messie, qui l'attendaient, et qui, à la foi, associaient la pureté des mœurs. Mais, un peu plus loin, le docte évêque de Lyon précise sa pensée. Il dit : « Le Seigneur, descendant parmi les morts, leur a annoncé son arrivée et a fait savoir que tous ceux qui croiraient en lui obtiendraient le pardon des péchés. Or, ceux-là crurent en lui qui, sur la terre, espéraient en lui, qui annoncèrent sa venue et obéirent à sa loi, à savoir les justes, les prophètes et les patriarches. Il leur pardonna leurs péchés comme à nous. Et nous ne devons pas leur imputer ces péchés, si nous ne voulons pas mépriser la grâce de Dieu. Eux, ils ne nous imputent pas les fautes que nous avons commises avant d'appartenir au Christ. Il ne serait donc pas juste, de notre part, de leur imputer les fautes qu'ils ont commises avant l'arrivée du Christ (2). »

Nous retrouvons ici le pardon dont saint Epiphane nous a parlé. C'est de l'évêque de Lyon que l'évêque de Salamine s'est inspiré dans le texte signalé plus haut, et tous deux ont manifestement en vue les mêmes pécheurs. Or ces pécheurs sont des hommes qui se sont repentis de leurs fautes avant de quitter cette terre, comme le prouve le contexte de saint Irénée où il est question de David, de sa chute et de sa pénitence. En somme, en dépit d'apparences contraires, saint Irénée et saint Epiphane ont restreint le bienfait de la descente aux justes de l'ancien Testament

(1) *Haer.*, IV, 22, 2.
(2) IV, 27, 2.

et le pardon, dont le Sauveur a apporté le message dans le séjour des morts, était, sous leur plume, un pardon depuis de longs siècles mérité et obtenu.

Saint Jérôme a adopté la doctrine que nous venons de rencontrer chez saint Irénée, dans un endroit cité où il déclare que le Seigneur est allé sous terre arracher à l'enfer les âmes des saints qui y étaient enfermées et les emmener au ciel. Mais avec saint Philastre une déviation s'est produite, si toutefois la traduction suivante rend exactement son texte obscur : « Ils se trompent, ceux qui pensent que les poètes menteurs et les vains philosophes peuvent être sauvés .. S'ils avaient cru en Dieu, s'ils n'avaient pas publié les noms honteux des dieux et des déesses, ils auraient obtenu leur pardon, lors de la descente du Christ aux enfers. (1) » Ici, Philastre qui, on se le rappelle, condamne la théorie de l'évangélisation, semble assurer du pardon ceux qui, au cours de leur existence terrestre, ont cru en Dieu. Si telle est sa pensée, il doit prendre place à côté de saint Jean Chrysostome qu'il précéda de quelques années.

Nous arrivons maintenant à saint Augustin. Ce grand docteur a traité de la descente aux enfers dans quatre ou cinq endroits, notamment dans le *De Genesi ad litteram* et dans la *Lettre à Evode* (2). Le commentaire et la lettre présentent les mêmes idées. Voici ce qu'on lit dans la lettre : « Il y en a qui disent que le bienfait de la délivrance a été accordé aux saints de l'ancienne Loi, à Abel, à Seth, à Noé et à sa famille, à Abraham, à Isaac, à Jacob, aux autres

(1) *Haer.*, 125.

(2) *De Genese ad litt.*, XII, 63 ; *Ep.*, CLXIV ; *Ep.*, CLXXXVII, 6 ; *De haeres.*, 79. Voir encore *De civitate*, XX, 15.

patriarches et aux prophètes. D'après eux, tous ces saints ont été délivrés des douleurs de l'enfer. Mais je ne comprends pas comment Abraham a pu être dans la souffrance, lui qui portait dans son sein le pauvre dont parle l'Evangile. Que ceux-là me l'expliquent qui en sont capables. Quant à dire que, seuls, Abraham et Lazare habitèrent dans un séjour de repos... il n'est personne qui ne voie que ce serait une absurdité. Et s'ils n'étaient pas seuls, qui oserait dire que les patriarches et les prophètes n'étaient pas avec eux ? Cela posé, je ne vois pas comment le Seigneur a délivré des souffrances de l'enfer ces saints personnages qui n'étaient pas dans la souffrance. D'ailleurs je n'ai pu trouver nulle part dans l'Ecriture le mot « enfer » pris en bonne part. Et si, en effet, les textes sacrés donnent toujours un mauvais sens à l'enfer, il s'ensuit que le sein d'Abraham, c'est-à-dire le séjour du repos, n'est pas une partie de l'enfer. Du reste, c'est ce qui ressort clairement de ces paroles d'Abraham : *Inter vos et nos chaos magnum firmatum est.* Ce *chaos magnum* prouve qu'un vaste abîme séparait l'enfer du sein d'Abraham. Et si l'Ecriture avait parlé de la descente du Christ dans le sein d'Abraham sans mentionner l'enfer et ses souffrances, je ne crois pas qu'il serait venu à l'idée de personne de dire que le Sauveur est allé dans les enfers. Donc, puisque des textes très clairs associent l'enfer à la douleur, le Christ n'a pu aller dans l'enfer que pour délivrer de ses douleurs. Mais a-t-il délivré tous ceux qu'il y a trouvés ou seulement quelques-uns qui lui ont paru mériter ce bienfait ? Je cherche encore la réponse. En tout cas, je ne doute pas qu'il ne soit allé dans l'enfer et qu'il ne lui ait arraché au moins certaines de ses victimes. Aussi, je n'ai pas encore réussi à deviner ce que le Sauveur, au moment de sa descente aux enfers, fit aux justes qui habitaient le sein d'Abraham, d'autant plus que sa divinité ne les avait jamais privés de sa présence béatifique... Il était donc dans le paradis et dans le sein d'Abraham par sa sagesse qui y répandait le bonheur. Il était aussi dans les enfers par sa puissance qui y exerçait le jugement. Quel est, en effet, l'endroit où ne se trouve pas sa divinité pour laquelle il n'existe pas de barrières ? Mais l'Ecriture atteste de plus qu'il descendit dans les enfers selon la créature qu'il prit dans le cours des temps, quand il se fit homme tout en restant Dieu, c'est-à-dire selon son âme. Elle l'atteste, dis-je, clairement dans cette prophétie dont l'apôtre a fixé le sens en la commentant : Tu n'abandonneras pas mon âme dans l'enfer (1). »

Résumons en quelques mots cette petite dissertation. On y apprend que le voyage au séjour des morts a eu pour terme, non le sein d'Abraham où résidaient les justes, mais l'endroit où se trouvaient rassemblés les pécheurs condamnés à souffrir ; que le Seigneur n'est pas allé visiter les justes qui, du reste, ne pouvaient retirer aucun avantage de sa visite, puisqu'ils n'avaient jamais été privés de la vision béatifique du Verbe ; que la descente du Sauveur a donc été destinée à délivrer de leurs peines un certain nombre de coupables. On y rencontre même un tour de phrase qui semble laisser ouverte l'hypothèse d'une délivrance de tous les pécheurs, mais la suite de la lettre nous interdit d'attacher de l'importance à cette formule embarrassée. En somme saint Augustin repousse la théorie

(1) *Ep.*, CLXIV, 6 et suiv.

de l'évangélisation et il voit dans la descente une œuvre de délivrance, mais d'une délivrance dont les pécheurs ont été seuls à bénéficier ; il introduit dans la théologie une explication de la descente dont personne avant lui n'avait eu l'idée.

L'évêque d'Hippone fut suivi par saint Fulgence (1) et par Bède (2), mais il rencontra dans le pape saint Grégoire un adversaire redoutable. Relisons la *Lettre à Georges*. Nous y voyons le pape s'appuyer sur l'autorité de saint Philastre et de saint Augustin. En réalité il se sépare de ces deux docteurs. Selon lui, le Seigneur n'est descendu chez les morts que pour arracher à la prison de l'enfer ceux que « à leur foi et à leurs actes » il a reconnus pour les siens. Saint Grégoire a remis en honneur la doctrine de saint Irénée dont saint Philastre et saint Augustin s'étaient, par des voies diverses, séparés. Il a fait de la descente une œuvre de délivrance réservée aux justes.

(1) *Ad Thrasymund.*, III, 30.
(2) *In Act*, II, *P. L.*, XCII, 948.

VI

DESCRIPTION DE LA DÉLIVRANCE CHEZ LES PÈRES

La théorie de l'évangélisation des âmes dans l'enfer n'a suscité dans toute la littérature patristique aucun développement littéraire. Il n'en fut pas de même de la délivrance. Celle-ci a provoqué parfois des descriptions qui, pour être comprises, supposent la connaissance de certaines conceptions théologiques chères à l'antiquité.

D'après une opinion adoptée par plusieurs Pères grecs et en grande faveur chez les Pères latins (1), Dieu vou-

(1) Cette théorie se trouve dans S. AUGUSTIN (*de Trinitate.*, XIII, 15 à 19 ; *Serm.*, 130, 2 ; 134, 6 ; 263, 1). — S. LÉON (*Serm.*, 22, 3-4 ; 69, 3-4 ; 42, 3). — S. GRÉGOIRE (*Moral.*, XXXIII, 14 ; XVII, 47 ; *homil. in Evang.*, XXV, 8). — S. ISIDORE (*Sentent.*, I, 14). On la trouve également dans ORIGÈNE (*in Matth.*, XVI, 8), S. GRÉGOIRE DE NYSSE (*Catéch.*, 22, 23), etc. Seulement, chez les Pères grecs, elle est souvent compliquée par un contrat passé entre Dieu et le diable. Saint Augustin dit dans ses sermons, que la chaire du Christ (ou la croix) fut une *souricière* (*muscipula*) dans laquelle le diable se laissa prendre. Saint Grégoire se sert de l'image de l'hameçon. Dans le *De Trinitate*, Augustin explique que le diable fut vaincu selon les règles de la justice. Noter qu'à côté de la théorie du piège, on trouve dans les écrits des Pères, la doctrine du sacrifice.

lant, d'une part, supprimer les droits que Satan s'était acquis sur le genre humain, depuis le jour où Adam s'était laissé entraîner au péché, voulant d'autre part arriver à ce but par les voies de la justice et non par celles de la force, eut recours à l'expédient suivant. Il envoya son Fils sur la la terre, après avoir préalablement caché sa divinité dans un corps humain. Le diable, témoin des miracles opérés par le Christ, comprit bien que ce thaumaturge extraordinaire était investi d'une mission divine, mais il le prit pour un simple prophète, du même ordre que Moïse et Elie, et il s'empressa de le faire mettre à mort par les Juifs. Il se félicitait d'avance de voir l'âme du prophète de Nazareth subir la loi commune et descendre dans son ténébreux royaume où, comme toutes les âmes humaines, elle serait sa captive. Or, il va sans dire que Satan, dont l'empire s'étendait sur le reste des hommes, n'avait aucun droit sur le Christ qui était le fils de Dieu et, qu'en le faisant mourir, il commettait à son insu un abus de pouvoir. C'était là que Dieu l'attendait. Pour le punir d'avoir outrepassé ses droits, il arracha le genre humain à son empire. Le prince des ténèbres s'était laissé prendre au piège qui lui était tendu. Désormais les habitants de la terre n'avaient plus rien à craindre de lui.

Et ce n'était que la moitié de sa ruine. L'âme du Christ, en effet, descendit dans l'enfer selon la loi commune. Mais dans quel but ? « La mort, dit saint Cyrille de Jérusalem, fut effrayée en voyant arriver ce personnage sur lequel les liens de l'enfer n'avaient pas de prise. Pourquoi, gardiens du royaume ténébreux, avez-vous été saisis d'effroi ? La mort s'enfuit et cette fuite trahissait son trouble. Alors, au contraire, accoururent les saints patriarches : Moïse, Abraham,

Isaac, Jacob, David, Samuel, Isaïe et Jean-Baptiste qui lui demanda : *Est-ce toi qui dois venir, ou bien devons-nous en attendre un autre ?* (1) » L'auteur d'un sermon qui circulait autrefois sous le nom de saint Augustin, nous montre « les légions du Tartare » déconcertées à l'arrivée du Sauveur. « Quel est, disent-elles, ce guerrier qui vient, enveloppé dans un nuage de lumière? Jamais pareil spectacle ne s'est présenté à nos yeux..... Evidemment il arrive pour nous dépouiller et non pour rester chez nous .. A-t-il fait alliance avec notre chef (Satan), ou bien est-ce à la suite d'un combat heureux contre lui qu'il est entré ici ? Pourtant il a subi la mort, il a été vaincu. Notre chef a été joué, il n'a pas prévu le désastre que préparait à l'enfer la croix trompeuse. Le bois a fait notre fortune, mais le bois va ruiner notre puissance (2). » La même scène s'offre à nous dans l'*Evangile de Nicodème*, mais cette fois, elle a acquis les proportions d'un drame grandiose et saisissant (3). Les patriarches sont, depuis des siècles, emprisonnés dans l'enfer et la clarté du jour n'arrive jamais jusqu'à eux. Tout à coup une lumière mystérieuse pénètre au sein de leur prison. Immédiatement le prophète Isaïe, qui reconnaît en elle la messagère du Messie, fait part à ses compagnons de la joie qui l'anime et leur récite un de ses oracles. Pendant que les saints se livrent aux transports d'allégresse, deux personnages sont en colloque. C'est Satan et le prince de

(1) *Catech.*, XIV, 19.

(2) *Append. Aug. Serm.*, 160, 2 et 3. Voir encore dans le même appendice le sermon 37, 4. « Tunc enim leonem et ursum strangulavit, quando ad inferna descendens omnes de eorum faucibus liberavit ».

(3) Chap. XXI-XXIX.

l'enfer qui se communiquent leurs impressions. Le chef des esprits pervers vient de faire condamner à mort Jésus, et, fier de son exploit, il annonce à son collègue que le grand thaumaturge va, dans quelques instants, descendre comme le reste des hommes au séjour des morts. Le prince de l'enfer, au lieu de partager la joie de Satan, est fort anxieux. N'est-ce point un rival? Ce Jésus, qui a déjà ressuscité plusieurs morts, ne va-t-il point rendre à la liberté les habitants du royaume des ténèbres? Qui sait? Il s'est peut-être laissé mettre à mort exprès pour être à même par ce moyen de descendre dans l'enfer et de lui arracher ses victimes. Peut-être Satan, qui est si convaincu d'avoir fait une importante capture, s'est-il laissé prendre étourdiment à un piège qui lui était tendu. Inquiet et en proie à de noirs pressentiments, le prince de l'enfer supplie son compagnon de ne pas lui amener l'hôte annoncé. Mais voilà qu'un bruit formidable se fait entendre. C'est le Christ qui vient, triomphant, mettre fin à la captivité séculaire des âmes sorties de ce monde. Aussitôt le prince de l'enfer met sur pied ses légions et fait barricader les portes de son empire. Vains efforts! Les portes s'ouvrent, le Sauveur entre, brise les chaînes des patriarches, ainsi que des autres justes, et les emmène au paradis.

Il est facile de voir le rôle que joue dans ces descriptions la descente aux enfers. Elle permet au Christ d'aller briser les portes de la prison où, depuis l'origine du monde, les âmes des justes sont captives; elle étend aux générations du passé le bienfait de la délivrance que la mort du Sauveur a procuré aux générations de l'avenir; elle achève la destruction de l'empire de Satan commencée au Calvaire; elle couronne l'œuvre de la Rédemption. Notons de plus qu'elle aussi est, comme le drame du Calvaire, un piège auquel le diable s'est laissé prendre étourdiment puisque, grâce à elle, Satan se voit ravir ses sujets par celui qu'il considère déjà comme son prisonnier.

Au XIIe siècle, la théorie du piège succomba sous les attaques de saint Anselme (1) et d'Abélard (2). On cessa d'attribuer au diable des droits sur les hommes vivants ou morts. La rédemption fut considérée comme une satisfaction offerte à Dieu (explication qui, du reste, n'avait jamais manqué de représentants depuis saint Paul), et non comme un expédient pour déposséder le prince des ténèbres. Dès lors, il ne pouvait plus être question de faire servir la descente aux enfers à renverser un empire qui n'avait jamais existé. La description de la descente que nous venons d'exposer disparut de la théologie. Voyons maintenant comment les docteurs scolastiques comprirent l'œuvre accomplie par le Christ chez les morts.

(1) *Cur Deus homo*, I, 7 (*P. L.* 158, 368) : « Nihil igitur erat in diabolo, cur Deus contra illum ad liberandum hominem sua uti fortitudine non deberet. » Voir encore II, 20.

(2) *In Roman.*, II, *P. L.*, 178, 833.

VII

OEUVRE DU CHRIST DANS LES ENFERS D'APRÈS L'ENSEIGNEMENT DES THÉOLOGIENS SCOLASTIQUES

Depuis le pape saint Grégoire, la théorie de l'évangélisation n'a rencontré chez les théologiens de l'Eglise latine qu'une seule tentative, d'ailleurs stérile, de réhabilitation. Cet essai écarté — nous le signalerons en temps opportun — on peut dire que tous les docteurs scolastiques, jusqu'à nos jours, ont été d'accord à interpréter la descente aux enfers comme une mission libératrice. Ajoutons que, dans l'exposé de l'œuvre accomplie par cette mission, ils se laissèrent guider par le pape saint Grégoire et que, selon eux, l'âme du Christ alla dans le sein d'Abraham visiter les âmes des justes (1). Ils auraient même suivi leur guide sans éprouver aucune hésitation, s'ils n'avaient été arrêtés, à diverses reprises, par saint Augustin. Mais ils lisaient dans la *Lettre à Evode* que le Christ s'était transporté dans

(1) Saint Isidore (*Sentent.*, i, 16, 15) dit que le Christ a délivré de l'enfer ceux qui : « ab eo *non* pœnaliter detinebantur. » On voit qu'il suit saint Grégoire. D'ailleurs il s'inspire ici d'un passage des *Morales*. En ce qui concerne les scolastiques du xiiie siècle, voir leurs commentaires sur *in Sent.* iii, 22 et saint Thomas, *Summa theol.*, iii, 52.

le lieu des souffrances, qu'il avait délivré de leurs peines un certain nombre de pécheurs, et qu'il n'avait procuré aux justes aucun avantage. Quelle attitude tenir vis-à-vis de ces renseignements ? A quelle exégèse les soumettre? Tel fut le problème qui se dressa devant les scolastiques et qu'ils résolurent de diverses manières.

Saint Thomas (1) fit observer que le sein d'Abraham procurait à ses habitants la paix, mais les laissait privés de la vision béatifique ; que, sous le premier aspect, il n'avait rien de commun avec l'enfer et ne renfermait aucune peine ; mais que, sous le second aspect, il infligeait une souffrance à ses habitants et donc qu'il avait quelque point de ressemblance avec l'enfer. Sa conclusion fut que le Christ s'était rendu, non dans l'enfer des damnés, mais uniquement dans le séjour d'Abraham et que saint Augustin, qui semblait avoir dit le contraire, était en réalité de cet avis, attendu que son lieu de souffrances était précisément le sein d'Abraham. Mais comment accorder avec cette explication cette phrase du saint docteur : « Je ne vois pas encore ce que le Christ a procuré aux justes » ? Augustin, répondit saint Thomas, a ici en vue des adversaires qui prétendaient que les patriarches avaient des peines à subir dans le sein d'Abraham. C'est contre eux qu'il déclare ne pas comprendre ce que le Sauveur a procuré aux justes. Il ne leur a point, en effet, donné un soulagement dont ils n'avaient pas besoin, mais il leur a procuré la gloire. Après avoir résolu cette seconde difficulté, le docteur angélique aborda la troisième, c'est-à-dire l'endroit où saint Augustin parle d'un certain nombre de pécheurs délivrés par le Christ,

(1) *Loc. cit.*

Evidemment, il ne pouvait être question ici de damnés, et saint Thomas ne crut même pas nécessaire de mentionner cette hypothèse. Mais le texte de l'évêque d'Hippone ne prouvait-il pas du moins que certaines âmes du purgatoire avaient été délivrées au moment de la descente du Christ? Saint Thomas expliqua que la descente n'avait apporté par elle-même aucun bienfait aux âmes du purgatoire, mais que celles de ces âmes dont l'œuvre de purification était achevée quand eut lieu la descente, sortirent de leur lieu de souffrances ; en d'autres termes, que certaines délivrances du purgatoire avaient pu coïncider avec l'entrée du Sauveur dans le sein d'Abraham, mais qu'elles n'avaient pas eu pour cause cette entrée. Il ajouta que cette solution reproduisait exactement la pensée de saint Augustin.

L'exégèse de saint Thomas ne parut pas impeccable à Bellarmin. « Saint Augustin, s'écria l'illustre controversiste, enseigne que le Christ est allé dans l'endroit de l'enfer où étaient les douleurs et les tourments. Saint Fulgence professe la même doctrine. » Bellarmin conclut que le Sauveur s'était rendu, non seulement dans le sein d'Abraham, mais chez les damnés eux-mêmes. Il confirma cette conclusion par le texte de l'Ecclésiastique : *Penetrabo omnes inferiores partes terrae, inspiciam omnes dormientes*. Il expliqua de plus que, pendant son séjour chez les damnés, l'âme du Christ n'avait enduré aucune souffrance et qu'elle n'avait délivré aucun des réprouvés (1).

Mais si aucun des habitants de l'enfer proprement dit n'avait été admis à sortir de sa prison, les âmes du purgatoire, elles au moins, n'avaient-elles pas bénéficié de la

(1) *De Christo*, IV, 16.

descente du Sauveur? Sans oser contredire ouvertement saint Thomas, Bellarmin laissa discrètement entendre que l'explication du docteur angélique faisait violence au texte de saint Augustin cité plus haut, à cette parole de l'Ecclésiastique : *Illuminabo omnes sperantes in Domino*, et à l'endroit où saint Grégoire enseigne que, lors de la descente, tous les élus furent délivrés. Il termina par cette observation : « Il n'y aurait pas d'erreur à dire que le Sauveur, qui n'est pas lié par les sacrements ni par nos mérites, a délivré non seulement les âmes qui étaient, lors de sa descente, complètement purifiées, mais un grand nombre d'autres, ou même toutes les âmes du purgatoire (1) ».

Quant aux âmes justes détenues dans le sein d'Abraham, le Sauveur les avait certainement délivrées ; et, sur ce point, Bellarmin ne put que ratifier l'assertion de saint Thomas disant que le Christ avait procuré la gloire à ces âmes. Mais le docteur angélique n'avait-il point interprété trop bénignement le texte de saint Augustin? Bellarmin reconnut que l'évêque d'Hippone n'avait pas dit ce que saint Thomas lui attribuait : « Peut-être vaut-il mieux avouer, écrivit-il, qu'au moment où il écrivait la *Lettre à Evode*, saint Augustin ne connaissait pas encore la place du sein d'Abraham et qu'il inclinait à le mettre en dehors de l'enfer. Il ne pouvait dès lors comprendre ce que la descente aux enfers avait procuré à des âmes qui, selon lui, n'étaient pas dans l'enfer (2) ».

Bellarmin s'était séparé de saint Thomas : Suarez s'en rapprocha. Tout en affectant de ne pas vouloir prendre parti

(1) *De Christo, loc. cit.*
(2) *Ibid.*

dans la question de la délivrance des âmes du purgatoire, le grand docteur espagnol finit cependant par avouer que cette délivrance paraissait peu vraisemblable. Il rejeta également l'hypothèse, chère à Bellarmin, d'un séjour de l'âme du Christ chez les damnés. « Cette opinion, dit-il, n'est sans doute ni téméraire, ni absolument improbable, mais elle est nouvelle. Et, bien qu'elle ne soit pas dépourvue de raisons spécieuses, il me paraît bien probable que le Sauveur n'est pas allé dans le séjour des damnés... Son âme, en effet, n'est pas allée en enfer seulement pour les autres. Elle y est allée aussi pour elle-même, pour y trouver un séjour pendant le temps de sa séparation d'avec le corps. Il fallait bien qu'elle fût alors quelque part. Et, puisque la résidence assignée par la divine providence aux âmes saintes était le sein d'Abraham, l'âme du Christ a dû s'y rendre... Mais pour quelle raison serait-elle allée dans la géhenne? Ce lieu n'était certes pas convenable pour elle et quant à l'effroi qu'elle a pu vouloir inspirer aux damnés, elle pouvait le produire sans se transporter elle-même sur les lieux... On doit se montrer moins affirmatif en ce qui concerne le purgatoire. Cependant j'estime que le Christ n'y est pas allé. Je ne crois pas, en effet, qu'il en ait délivré toutes les âmes, et s'il en a délivré quelques-unes, c'est seulement après les avoir transférées dans le sein d'Abraham qu'il les a éclairées de la lumière de gloire (1). »

Mais, sans séjourner chez les damnés, le Christ n'avait-il pas pu délivrer de leurs tortures quelques-uns d'entre eux? Suarez resta assez perplexe en face de cette question. D'une part, la loi était là, infligeant des peines éternelles aux

(1) *In* III^am *partem*, disp. 44, sect. 4.

4

damnés. D'autre part, la littérature patristique offrait des textes étranges. Suarez finit par rendre le verdict suivant : « On peut se demander si le Christ n'a pas, par un privilège spécial, arraché quelques damnés à la géhenne. Il peut sembler téméraire de se prononcer pour l'affirmative à cause de la loi générale promulguée par l'Ecriture. Cependant j'estime qu'une pareille assertion n'est ni hérétique ni erronée. La foi, en effet, ne nous défend pas de penser que la loi générale de la damnation comporte des dispenses et des privilèges. Et il est possible que saint Grégoire de Nazianze et saint Augustin aient cru à ces privilèges. Toutefois le texte de saint Grégoire se propose plutôt de soulever une question que d'en donner la solution. Quant à saint Augustin, on peut supposer qu'il a eu en vue les âmes du purgatoire. Mais Clément d'Alexandrie s'est sûrement trompé ici. Il faudrait dire la même chose de saint Jean Damascène, n'était que le discours où il est censé enseigner la délivrance des damnés est apocryphe (1). »

Avec Bellarmin et Suarez nous avons le dernier mot sur l'œuvre accomplie par la descente du Christ aux enfers. Non pas qu'aucune dissidence ne se soit produite depuis ces deux docteurs. On a parlé plus haut d'une tentative de de retour à la doctrine de l'évangélisation. Elle eut pour auteur Petau. Nourri de la lecture des Pères grecs, ce savant jésuite recommanda en ces termes leur sentiment : « Je donne la préférence à l'explication d'Œcuménius qui croit d'après le texte de saint Pierre, que le Christ, dans les enfers, accorda la foi et le salut aux âmes qui, pendant

(1) *Loc. cit.*, disp. 44, sect. 3.

leur existence sur la terre, menèrent une vie vertueuse et qui auraient cru dans le Christ, s'il était venu de leur temps...Donc le Christ, après être descendu dans les enfers par l'Esprit, c'est-à-dire par la puissance de sa divinité, s'est montré aux morts et les a amenés à le connaître et à l'adorer. Toutefois il n'a pas procuré ce bienfait à tous, mais à ceux-là seuls qui avaient quitté cette terre dans la grâce et l'amitié de Dieu (1). »

Ainsi parla Petau. Mais il ne vit aucune adhésion venir à lui (2). Son entreprise échoua. Et l'interprétation scolastique de la descente a continué jusqu'à nos jours d'être universellement acceptée dans le sein de l'Eglise catholique.

(1) *De Incarnatione*, XIII, 18, 14.

(2) Il n'a trouvé personne pour lui porter secours, il a en revanche trouvé quelqu'un pour le combattre. Voir LE NOURRY, *in Clement. Alex.*, dissert. 2, VI, 8. *P. G.* 9, 1135.

VIII

OBSCURITÉ DU TEXTE DE LA *Prima Petri*.

Nous sommes maintenant en mesure de résoudre le problème que nous avons rencontré plus haut et de dire pourquoi saint Augustin et, à sa suite, les anciens théologiens, ont, au prix d'une exégèse aujourd'hui universellement rejetée, refusé au dogme de la descente aux enfers, l'appui du texte de la première Epître de saint Pierre. L'apôtre, comme il est facile de s'en rendre compte, semble parler d'une prédication adressée aux morts. Autant donc son témoignage était précieux pour ceux qui donnaient au voyage du Sauveur un but d'évangélisation, autant il était embarrassant pour les autres. On comprend dès lors que saint Augustin et les scolastiques du Moyen Age aient cherché à l'écarter. Aussi quand, à la suite de Bellarmin, les théologiens consentirent à voir dans la *Prima Petri* la descente aux enfers, ils avouèrent qu'une profonde obscurité planait sur cet endroit. « Ce passage de l'épître de saint Pierre, écrit Bellarmin, a toujours été regardé comme très obscur (1). » Suarez (2) tient le même langage que nous retrouvons

(1) *De Christo*, IV, 13 : «... locus qui semper obscurissimus habitus est. »

(2) *In IIIam partem*, disp. 43, sect. III, 7 ; « Verba autem divi Petri quæ obscurrissima sunt ».

sur les lèvres de Petau (1) et de tous les théologiens.

On ne put néanmoins se dispenser d'en chercher l'explication. Bellarmin et Suarez posèrent en principe que les incrédules du temps de Noé dont parle l'apôtre séjournaient dans le sein d'Abraham. Mais pourquoi saint Pierre les avait-il mentionnés ? Pourquoi ne s'était-il pas borné à dire que le Seigneur était descendu dans les enfers pour tous les bons esprits qui y résidaient ? « Je réponds, dit Bellarmin, que le Christ a prêché (annoncé le salut) dans l'enfer à tous les bons esprits et que, si les incrédules du temps de Noé ont été spécialement désignés, c'est parce que la plus grande incertitude existait sur le salut de ces hommes que la vengeance divine avait submergés au fond des eaux. Saint Pierre nous apprend donc que plusieurs de ces incrédules firent pénitence à la fin de leur vie et, tout en périssant corporellement, furent sauvés spirituellement (2).

Cette explication de Bellarmin n'agréa pas à Suarez qui estima que, si laissés à nos propres lumières, nous pouvions légitimement douter du salut des incrédules contemporains de Noé, il ne manquait pas d'autres hommes, par exemple Salomon, dont le salut était encore plus douteux. Le jésuite espagnol chercha donc ailleurs l'explication du langage de saint Pierre. Il crut remarquer que le but de l'apôtre était de consoler les fidèles affligés par la perspective de la récompense céleste. Il conclut que les contemporains de Noé avaient été cités, par la raison qu'ils étaient les plus affligés de tous les hommes (3).

(1) *De Incarnatione*, XIII, 18, 14 : « Qui locus admodum, ut est, visus antiquis est obscurus ac perplexus. »

(2) *De Christo*, IV, 16.

(3) *Loc. cit.*, disp. 43, sect. III, 9.

IX

RÉSULTAT DÉFINITIF DE LA DESCENTE AUX ENFERS

Que devinrent les âmes que le Christ était allé visiter ou évangéliser dans les enfers ? Quel séjour leur fut assigné ? Exposons d'abord la réponse donnée par saint Augustin à cette question. On se rappelle que, selon l'évêque d'Hippone, le Sauveur se rendit uniquement dans l'endroit où étaient les coupables. La descente, telle qu'il la concevait, n'eut donc d'autre résultat que d'arracher un certain nombre de pécheurs à la géhenne et de les introduire dans le sein d'Abraham. Quant aux habitants de ce séjour de repos, ils n'avaient jamais cessé de jouir de la présence de la divinité, ils continuèrent d'en jouir. La descente n'apporta à leur sort aucun changement ; ils n'en furent même pas témoins. C'est ce que prouve ce texte que nous connaissons déjà : « Je ne vois pas ce que le Sauveur, au moment de sa descente aux enfers, fit aux justes qui habitaient le sein d'Abraham, d'autant plus que sa divinité ne les avait jamais privés de sa présence béatifique » (1).

(1) *Ep.*, CLXIV, 8 : « Unde illis justis qui in sinu Abrahæ erant quum ille in inferna descenderet, nondum quid contu-

Mais saint Augustin, nous le savons, est ici un dissident qui a abandonné le sentiment commun et n'a recruté que de rares disciples. Sa réponse ne nous fait donc pas connaître la tradition. Quelles solutions ont données les Pères à la question qui nous occupe en ce moment ? La littérature théologique nous met en présence de deux conceptions : l'une d'après laquelle les âmes délivrées ou converties par le Seigneur allèrent dans le paradis terrestre ; l'autre qui les introduit au ciel (1).

La première théorie apparaît fréquemment dans les écrits des Pères. Nous lisons dans Oregène que le paradis terrestre qui, depuis l'origine du monde, était fermé à tous, même aux patriarches et aux prophètes, fut ouvert quand vint celui qui a dit qu'il était la voie et la porte. Saint Cyrille de Jérusalem nous montre le bon larron entrant, avant Abraham et Moïse, dans l'endroit d'où Adam avait été chassé (2). Il laisse ainsi entendre que le Christ plaça dans le paradis terrestre les patriarches et les justes arrachés par lui à l'enfer. « Avant le Sauveur, dit saint Jérôme, Abraham était dans les enfers ; aujourd'hui le bon larron est dans le paradis. Aussi, à l'époque de la résur-

lisset inveni, a quibus eum secundum beatificam præsentiam suæ divinitatis nunquam video recessisse ».

(1) *De Engastrimytho*, fin (*P. G.*, 12, 1028).

(2) *Catéch.*, XIII, 31. Comparer XIV, 10 fin. Voici la note de Touttée sur XIII, 31 : « Quum variæ sint quum veterum, tum recentiorum theologorum de paradiso in quem latro perductus est, opiniones, eam quæ apud veteres usitatior et omnium verisimillima est, secutus videtur Cyrillus ; nimirum, eum in paradisum terrestrem unde dejectus est Adam, Christo comite introivisse. »

rection du Christ, les corps de beaucoup de morts ressuscitèrent et apparurent dans la céleste Jérusalem... Le glaive de feu et les chérubins, qui rendaient inaccessible l'entrée du paradis, ont disparu depuis le drame du Calvaire (1). » Saint Chrysostome parle dans le même sens (2), et, dans l'*Evangile de Nicodème* (3), nous lisons que le Sauveur, après avoir délivré les patriarches ainsi que les prophètes de l'enfer, les fit conduire par l'archange saint Michel dans le paradis terrestre, où ils rencontrèrent le bon larron qui les y avait précédés (4).

(1) *Ep.*, LX, 3 (*P. L.* 22, 591). Voir encore : *Ep.*, XXXIX, 3. On voit par le texte cité que saint Jérôme assignait comme séjour aux saints ressuscités par le Sauveur la céleste Jérusalem, c'est-à-dire le paradis terrestre. C'était l'opinion d'Origène (*in Matth. comment. series*, 139). Selon une autre opinion représentée par CYRILLE (*Catéch.*, XIV, 18) et EPIPHANE (*Haer.*, LXXV, 8), ces saints avaient fait leur apparition dans la Jérusalem terrestre. Voir l'épître de *Paula* (dans S. Jérôme, *Ep.*, XLVI, 7).

(2) *In Genes. serm.*, VIII, 4 et 5 (*P. G.* 54, 615). Il dit que le larron est entré dans le paradis avant les apôtres, avant tous les justes. Or, par paradis il entend l'endroit d'où Adam a été chassé. On lui objecte que ce mot désigne le ciel. J'y consens, répond Chrysostome, le bon larron est maintenant au ciel, mais, tout comme Adam est mort le jour même de son péché, tout comme l'impie est déjà jugé ; c'est-à-dire en principe, non en fait.

(3) Chap. XXVII. — Régulièrement les patriarches et les justes de l'ancienne loi eussent dû être dans le paradis avant le bon larron, puisque ce dernier était mort après le Sauveur qui avait dû, en un clin d'œil, arracher à l'enfer ses victimes. On supposait que l'âme du Christ avait attendu l'heure de minuit pour effectuer son voyage. Voir la note de Touttée sur CYRILLE (*Catéch.*, XIII, 31.)

(4) Voir encore PRUDENCE, *Cathemerinon.*, X, 149 et suiv. (*P. L.*

Toutefois, la doctrine qui envoyait les âmes des justes dans le paradis terrestre disparut peu à peu, à partir de saint Grégoire le Grand. Sous l'influence de ce saint pape, on s'accorda à admettre que les âmes pures de tout péché font immédiatement leur entrée au ciel. Et alors la question à résoudre fut de savoir si les âmes des justes sortirent du sein d'Abraham immédiatement après la visite du Sauveur. La réponse était facile. Le Christ avait dû nécessairement entrer le premier au ciel. Or il n'y avait fait son entrée que le jour de l'Ascension. Les justes de l'Ancien Testament avaient donc dû attendre cette date pour sortir des limbes où ils étaient captifs. Cette conclusion se dégageait trop naturellement pour pouvoir être contestée : elle fut universellement admise. On lit dans la *Somme* que le Christ, lors de sa descente aux enfers, communiqua aux âmes des justes la lumière de gloire et leur procura ainsi le bienfait de la vision intuitive, mais qu'il les laissa néanmoins dans leur demeure séculaire jusqu'au jour de l'Ascension (1).

59, 886). Arevalus rapporte qu'un vieil index prescrivait de mettre à la marge la note suivante : « Caute lege, nam videtur docere animas piorum quæ nihil purgandum deferunt, egressas a corpore, detineri in paradiso terrestri illo unde expulsus fuit Adam ». Toutefois, la note essayait ensuite de donner un bon sens aux expressions de Prudence.

(1) *Summa*, III, 52, 4 ad 1 : « Christus statim ad infernum descendens sanctos ibi existentes liberavit, non quidem statim educendo eos de loco inferni, sed in ipso inferno eos de luce gloriæ illustrando. » Le saint docteur ne dit pas ici combien de temps les âmes des justes restèrent dans les limbes ; dans l'article suivant (*ad.* 3), il semble même dire qu'ils en sortirent au moment de la résurrection du Sauveur (quamvis ex hoc loco non exierint, Christo apud inferos commorante.) Mais il dé-

Et Benoît XIV (1) nous montre les âmes des justes faisant cortège au Sauveur le jour de l'Ascension et entrant à sa suite dans le royaume du ciel (2).

clare plus loin (III, 57, 6) que le Christ les introduisit dans le ciel le jour de son Ascension.

(1) *De Festo Ascensionis*, 39. Voir BELLARMIN, *De Christo*, IV, 12. « Animas piorum non fuisse in cœlo ante Christi ascensionem. »

(2) On voit que, selon saint Thomas, qui représente ici toute la scolastique, le Christ procura aux justes deux délivrances. La première eut lieu immédiatement et elle consista en ce qu'il leur procura la lumière de gloire avec la vision intuitive. La seconde, qui fut accomplie le jour de l'Ascension, eut pour objet l'entrée au ciel. Les âmes justes, tout en restant dans le sein d'Abraham pendant quarante-deux jours, jouirent du bonheur dont elles jouissent aujourd'hui au ciel dès le premier instant de la descente, c'est-à-dire à partir de la mort du Sauveur.

X

COMMENT A EU LIEU LA DESCENTE

Le Christ est allé aux enfers. Mais il était à la fois Dieu et homme ; il possédait deux natures. Laquelle de ces deux natures a-t-il employée pour la descente ? Est-ce le Verbe lui-même qui a pénétré dans le séjour des morts ? Est-ce seulement l'âme humaine du Verbe incarné qui a fait ce voyage ? Ou enfin, est-ce l'âme ayant avec elle le Verbe ? Ces précisions furent totalement négligées pendant les deux premiers siècles. Saint Irénée et Clément d'Alexandrie nous parlent, chacun à sa manière, de la descente, mais ils se bornent à la mettre sur le compte du « Seigneur » sans autre explication. Origène, le premier, se servit de formules plus rigoureuses dans le texte suivant : « Au moyen de son âme séparée de son corps, le Christ parla aux autres âmes séparées de leurs corps (1) ». On put croire un instant que cette interprétation, à peine née, était condamnée à périr. Saint Athanase, en effet, ayant à réfuter certains raisonneurs naïfs qui attribuaient la formation du corps du Christ à une métamorphose du Verbe changé en

(1) *C. Celsum.*, II, 43 : καὶ γυμνῇ σώματος γενόμενος ψυχῇ ταῖς γυμναῖς σωμάτων ὡμίλει ψυχαῖς.

os et en chair, demanda à la descente un argument propre à les tirer d'erreur. « Le corps, dit-il, était dans le sépulcre, quand le Verbe alla, sans toutefois se séparer du corps, prêcher aux esprits en prison, selon le mot de saint Pierre. Et ceci montre clairement la sottise de ceux qui prétendent que le Verbe s'est changé en os et en chair. S'il en avait été ainsi, qu'était-il besoin d'un sépulcre ? Le corps se serait transporté de lui-même dans l'enfer où étaient enfermés les esprits qu'il s'agissait d'évangéliser. Or c'est le Verbe qui est allé prêcher, tandis que le corps, enveloppé dans un suaire, était déposé par Joseph dans le tombeau du Golgotha. Voilà ce qui prouve absolument que le corps ne se confondait pas avec le Verbe, mais qu'il était la propriété du Verbe (1). » On le voit, l'illustre auteur de la *Lettre à Epictète* a été amené par les exigences de la polémique à mettre en relief le rôle du Verbe dans la descente et, sinon à nier, au moins à passer sous silence l'intervention de l'âme.

Toutefois l'attention des controversistes ne tarda pas à être attirée d'un autre côté. Les métaphysiciens simplistes que n'effrayait pas une métamorphose du Verbe en corps humain ne firent pas beaucoup de partisans. Mais derrière eux se présentèrent les ariens et les apollinaristes, qui refusaient au Verbe incarné une âme raisonnable. Pour réfuter ces nouveaux adversaires, on eut recours à l'argument de la descente, déjà utilisé par saint Athanase. Seulement on le modifia légèrement et l'on montra que le voyage aux enfers présupposait dans le Christ la présence d'une âme humaine. « Comment, dit l'auteur du *De Incarnatione*, le Sei-

(1) *Ad Epictet.*, 5 et 6.

gneur, à son arrivée dans l'enfer, fut-il pris par la Mort pour un homme? Parce que, au milieu des âmes enchaînées, il présenta une âme susceptible d'être enchaînée dans les liens de la Mort. C'est ainsi qu'il brisa les liens qui retenaient les âmes dans les enfers (1). » Saint Epiphane (2), saint Grégoire de Nysse (3) argumentèrent dans le même sens. A partir de la fin du IVe siècle, on eut presque toujours soin d'expliquer que le voyage au séjour des morts avait été accompli par l'âme humaine du Sauveur. On ajouta, du reste, que l'âme n'avait pas été seule à faire ce voyage, mais que le Verbe ne l'avait pas abandonnée et était descendu avec elle aux enfers. Déjà cette union indissoluble du Verbe et de l'âme humaine, au moment de la descente, est proclamée hautement par saint Epiphane (4). Nous la retrouvons ensuite dans de nombreux textes patristiques (5). Et elle est manifestement supposée dans la

(1) *De Incarnatione contra Apollinarium*, 14 (parmi les œuvres de saint Athanase). J'ai modifié légèrement la ponctuation reçue qui ne me paraît donner aucun sens. Quoi qu'il en soit du mot à mot, la traduction qu'on lit ici reproduit sûrement la pensée de l'auteur.

(2) *Haer*,, LXIX, 62 et suiv. ; LXXVII, 35 ; XX, 2.

(3) *Cont. Eunomium*, II, t. II, p. 483, édit. de 1638.

(4) Voir les références indiquées plus haut. Dans tous ses textes, Epiphane dit que le Christ ou le Seigneur est descendu *avec son âme*. Cette formule prouve que les mots de Christ ou de Seigneur désignent sous sa plume le Verbe. D'ailleurs dans *Haer.*, XX, 2 on lit: « Il est descendu avec sa divinité et son âme ».

(5) Saint Grégoire de Nysse (*C. Eunom.*, II, tom II, 2. p. 484. édit. de 1638) enseigne nettement que le Verbe ne s'est pas séparé de l'âme humaine pendant le temps de la mort. Saint Jean Damascène (*De fide orthod.*, III, 27) professe la même

définition suivante du quatrième concile de Latran que nous connaissons déjà : « Le Fils de Dieu, Jésus-Christ... a souffert et est mort sur la croix pour le salut du genre humain. Il est descendu aux enfers, est ressuscité des morts, est monté aux cieux. Mais il est descendu selon son âme, il est ressuscité selon sa chair (1). »

Quand s'ouvrit l'ère des grandes synthèses théologiques, la doctrine de la descente de l'âme du Sauveur unie à la divinité du Verbe était appuyée sur une longue tradition. Aussi les scolastiques se firent un devoir de consacrer à sa défense une de leurs dissertations (2). Il en fut ainsi jusqu'au XIVe siècle. A cette époque, la croyance traditionnelle vit se dresser devant elle un adversaire qui essaya de la renverser. C'était Durand. Sans rejeter la descente aux enfers, le docteur de Saint-Pourçain estima que les théologiens en donnaient une interprétation peu satisfaisante et que l'âme du Christ s'était transportée dans l'enfer, non par sa substance elle-même, mais simplement par son opération (3). Durand fit valoir à l'appui de son sentiment deux considérations métaphysiques et un argument scripturaire. Il affirma d'abord que les âmes humaines ne sont pas localisées par leur propre substance, mais seulement par le corps auquel elles sont unies, et donc que l'âme du Christ ne pouvait plus, une fois séparée de son corps, être dans un lieu (4). Il fit aussi observer que les âmes des

doctrine. Du côté de l'Eglise latine, il suffit de mentionner saint Augustin (*in Jo.*, XLVII, 10).

(1) DENZINGER, *Euchiridion*, n. 356.

(2) Les sententiaires traitent la question dans *in Sentent.* III, 22 ; saint Thomas dans *Summa theol.*, III, 52.

(3) *In Sent.*, III, 22, qu. 3.

(4) Selon lui, les âmes des damnés ne sont actuellement en

justes de l'ancien Testament avaient reçu la lumière de gloire au moment même de la mort du Sauveur. Or, l'âme du Christ n'aurait pu arriver dans l'enfer qu'après avoir quitté le corps du Verbe incarné, c'est-à-dire dans l'instant postérieur à la mort. Son voyage eût donc été inutile puisque les âmes des justes étaient déjà illuminées. Enfin il alléguait la parole du Christ au bon larron : *Hodie mecum eris in paradiso*. Cette parole, disait-il, doit s'entendre métaphoriquement, c'est-à-dire d'une présence de l'âme du Sauveur dans le paradis, non selon sa substance, mais par ses effets. De même, la descente doit s'entendre dans le sens métaphorique.

L'opinion de Durand souleva de très vives oppositions. Elle prétendait s'appuyer sur la promesse faite au bon larron. Comme si la formule *in paradiso* n'était pas une pure métaphore destinée à symboliser la vision béatifique dont le bon larron allait être bientôt favorisé ! Elle s'embarrassait dans des subtilités métaphysiques, comme si de pareilles arguties étaient capables de faire contrepoids à la grande voix de la Tradition, de l'Eglise elle-même, qui enseignait la réalité de la descente de l'âme du Christ dans les enfers ! Bellarmin accusa Durand d'être tombé dans l'erreur (1). Suarez le taxa d'hérésie (2). Tous deux le réfu-

enfer que *secundum deputationem*, c'est-à-dire en ce sens qu'elles sont destinées à y aller quand elles auront leur corps ; les âmes des patriarches étaient dans les limbes *propter deputationem conditionatam*, en ce sens qu'elles auraient été dans les limbes après la résurrection si le Christ ne les en avait pas délivrées.

(1) *De Christo*, IV, 15, : « Et quidem hanc sententiam esse erroneam probatur ».

(2) *In* IIIam *partem*, disp. 43, sect. 2, 3 : « Dicendum vero

tèrent longuement et l'armée presque entière des théologiens se rangea derrière eux.

est primo Christum Dominum ad infernum secundum animam descendisse. Assertio est de fide... Dico ergo secundo Christi animam descendisse ad inferos secundum substantiam suam et realem præsentiam. Ita interpretantur hoc mysterium omnes scholastici excepto Durando cujus sententia... est erronea et plane hæretica. ».

TABLE DES MATIÈRES

Saint-Amand (Cher). — Imprimerie Bussière.

www.ingramcontent.com/pod-product-compliance
Ingram Content Group UK Ltd.
Pitfield, Milton Keynes, MK11 3LW, UK
UKHW012253240726
13966UKWH00004B/1402

9 782011 926784